超越团队

[英] R.梅雷迪思·贝尔宾（R. Meredith Belbin） 著

蔺红云　李和庆　袁永昌　译

R. Meredith Belbin

Beyond the Team

机械工业出版社

CHINA MACHINE PRESS

大师经典

超越团队

[英] R.梅雷迪思·贝尔宾（R. Meredith Belbin） 著

蔺红云 李和庆 袁永昌 译

R. Meredith Belbin

Beyond the Team

机械工业出版社
CHINA MACHINE PRESS

现实中许多大型组织混淆了团队和团体的概念,恪守狭隘僵化的岗位定义,不愿改变传统的组织方式和工作分配方式,因而无法适应快速变化的环境。《超越团队》借鉴 R. 梅雷迪思·贝尔宾在世界各地的组织中的工作,进一步探讨了团队和团体的工作方式。通过厘清团队和团体二者的区别,引入经国际验证的色彩编码系统,对工作进行重新划分,将团队角色语言和工作角色语言相结合,展示了成熟的团队如何克服大型团体的狭隘性,借助教育、经验和技术重塑竞争优势。

Beyond the Team/by R. Meredith Belbin/

ISBN: 978 - 0 - 750 - 64641 - 3

Copyright© 2000 R. Meredith Belbin

Authorized translation from English language edition published by Routledge, a member of Taylor & Francis Group LLC; All Rights Reserved.

本书原版由 Taylor & Francis 出版集团旗下 Routledge 出版公司出版,并经其授权翻译出版,版权所有,侵权必究。

This edition is authorized for sale in the Chinese mainland (excluding Hong Kong SAR, Macao SAR and Taiwan).

此版本仅限在中国大陆地区(不包括香港、澳门特别行政区及台湾地区)销售。

Copies of this book sold without a Taylor & Francis sticker on the cover are unauthorized and illegal.

本书贴有 Taylor & Francis 公司防伪标签,无标签者不得销售。

北京市版权局著作权合同登记 图字:01 - 2023 - 1010 号。

图书在版编目 (CIP) 数据

超越团队 / (英) R. 梅雷迪思·贝尔宾 (R. Meredith Belbin) 著;蔺红云,李和庆,袁永昌译. —北京:机械工业出版社,2023.9
(大师经典)
书名原文:Beyond the Team
ISBN 978 - 7 - 111 - 73558 - 8

Ⅰ. ①超… Ⅱ. ①R… ②蔺… ③李… ④袁… Ⅲ. ①企业管理–组织管理学 Ⅳ. ①F272.9

中国国家版本馆 CIP 数据核字 (2023) 第 135585 号

机械工业出版社 (北京市百万庄大街22号 邮政编码100037)
策划编辑:李新妞 责任编辑:李新妞 刘林澍
责任校对:韩佳欣 张 薇 责任印制:李 昂
河北宝昌佳彩印刷有限公司印刷
2023 年 9 月第 1 版·第 1 次印刷
169mm×239mm·10 印张·1 插页·101 千字
标准书号:ISBN 978 - 7 - 111 - 73558 - 8
定价:79.00 元

电话服务　　　　　　　　　　　　网络服务
客服电话:010 - 88361066　　　机 工 官 网:www.cmpbook.com
　　　　　010 - 88379833　　　机 工 官 博:weibo.com/cmp1952
　　　　　010 - 68326294　　　金 书 网:www.golden-book.com
封底无防伪标均为盗版　　　机工教育服务网:www.cmpedu.com

致中国读者

自拙著 2000 年在英国出版以来，工作的世界——以及地缘政治格局——已经发生了翻天覆地的变化，可拙著中关注的基本问题并没有变。

大型官僚体制不但仍然恪守狭隘乃至僵化的岗位定义，而且以同样狭隘的方式去衡量一个角色是否成功。许多公司仍把精力耗费在毫无必要的会议上，仍在收集多余的信息，仍在执行各种毫无意义的程序。关键是，虽然团队和团体都有各自的一套心理"规则"，可我们仍然没搞清楚二者的区别。

在一个日益动荡、充满不确定性的工作世界，组织面临的问题空前复杂——即所谓的"棘手问题"。随着风险和复杂性的增加，承担后果的责任必须从适当的个人转移给能够实时处理纷乱复杂问题的并行团队。

如果不能适应快速变化的环境，就会有失去竞争优势的危险。如果组织能够而且愿意改变自己的工作分配方式和组织方式，那么，将团队角色语言和工作角色语言相结合，便可以为更有效地组织人事和任务提供一条途径。

50 多年来，贝尔宾一直从事提高团队效能和组织绩效的研究。自 2010 年开始，贝尔宾中国团队 LearnMart 致力于在大中华区传播贝尔宾理念，不断赋能团队，让越来越多组织和团队更有效地运作。
与贝尔宾中国合作，我们深感自豪。

继《管理团队：成败启示录》和《团队角色：在工作中的应用》中文版 2017 年出版后，看到《超越团队》的中文版能与中国读者见面，我心里感到由衷的高兴。

现在正是需要我们加倍努力进行有效合作、充分利用团队的技能和资源的大好时机。

R. 梅雷迪思·贝尔宾
英国剑桥

前　言

　　没有什么比成功能给人带来更多的回报，也没有什么比成功更似过眼云烟；没有什么比失败更令人唏嘘，也没有什么比失败更发人深省。我在剑桥读古希腊罗马文学时，经常思考在基督诞生前的一个世纪里罗马共和国的成就，以及以雅典为代表的、作为民主摇篮的希腊取得的荣光。在这两个古典时期，不同民族和种族之间由不断的冲突转为和平竞争，由此发端出法律和组织、文学和艺术、教育和医学伦理等历久弥坚的各种理念，以及奥运会等体育赛事所肩负的角色作用。

　　但后来，一切都土崩瓦解。暴政取代了民主，战争和征服取代了和平贸易和合作，野蛮和迫害取代了协商和学习。如果一个成功的范式能够在有限的时间内带给我们美好的生活，那么这一切怎么会改变呢？人们珍视的东西是不会故意抛弃的。不知为什么，破坏稳定的种种力量汹涌而来，摧毁了此前一直稳定和繁荣的局面。那么，这些力量是什么呢？

　　经过多年的研究，我认为，导致这种退变的原因主要有两个。第一个原因——也许是最重要的原因——是规模的变化。只有在一定的规模之内，一个社会才能长盛不衰。第二个原因，规模的扩张会改变性质。无限制的扩张会破坏资源，也会破坏环境。值得注意的是，在古代，许多文化和文明的中心都发端于小城邦，例如著名的米利都等爱奥尼亚沿海城邦、威尼斯和中世纪意大利的城邦、波罗的海沿岸的汉萨同盟城邦，以及孕育了世界上许多绘画大师的佛兰德斯城邦。在特定历史时期，这些城邦曾取得过辉煌的成就。后来，更大的帝国吞没了这些文明的摇篮，积极进取、创新精神和思想自由的环境遭到了破坏，退变便开始了。小城邦被合并进了大帝国，打破了内部的平衡，削弱了对外的效能。如果缺少远见卓识，规模庞大只会通过各种隐形压力，通过种种制约机制，或通过赤裸裸的压迫，损害小规模社会和团队的生命力和创造力。

不过，还有一个因素会危及富有创造力的团队和蒸蒸日上的社会，那就是故步自封，即：小规模的单位既不了解外面广阔的世界，也不去适应外面的世界。就在我撰写本书时，我们即将步入千禧之年。您可以说，千禧年只不过是历史长河中再平常不过的一个时间点而已。但我的看法不同。我认为，千禧年标志着人类历史上一个至关重要的转折点。伴随着新时代的到来，我们的世界已经觉醒，人们已经开始放眼世界，究其原因，只是到了最近几年，我们才把这个世界比作一个地球村，才开始在真正的全球市场上开展业务。

几股力量共同促成了这一局面。在政治领域，人们渴望用大一统世界的观念来取代国与国之间战争不断的观念。在商业领域，先有关税与贸易总协定，后有世界贸易组织，都在破除保护主义壁垒方面发挥了积极的作用。在金融领域，越来越多的国家渴望消除多元化货币带来的不确定性，以及汇率波动引发的危机。在千禧年到来之际，欧元的推出必将成为促进国际贸易的里程碑。因此，所有这些发展综合起来的累积效应将带来一系列越来越大的挑战，而这些挑战将渗透到我们工作和生活的各个方面。

这一切带来的好处是，那些为了满足广泛需求而成功地生产产品和提供服务的人将会面临更大的机遇。但是，伴随着这个新时代而来的也有潜在的不利因素。对那些不能改变自身僵化的规则和体制的组织来说，如果这些规则和体制阻碍了工作效能的提升，那么等待它们的将是痛苦。正因如此，我们才必须审视那些执着于集体性和竞争性奋斗目标的基本体制。归根结底，这一切的根源都在于岗位的设计。岗位设计是社会化过程的结果，在这个过程中，工作是以特定的方式进行分配、改变和发展的。

不管组织的规模是大是小，每个层级上都有岗位。但我的观点是，对于如何与人们沟通这些工作活动集合的性质，迄今为止，还没有令人满意、通俗易懂的通用语言。针对这个问题，我在拙著《改变我们的工作方式》（*Changing the Way We Work*）中首次提出了一些想法，创建了一个基于颜色的系统。事实证明，这个系统易于理解和应用，对那些受困于语言障碍的跨国企业来说，在克服语言沟通问题上尤其有用。为了进一步推广，我们与视频艺术公司合作，赞助拍摄了一部入门级影片《团队奏效吗?》（*Does the Team Work?*）。这部影片首先简要介绍了该系统的基本原理，然后将其应用于火星之旅的载人火箭上。由于火箭控制中心在处理岗位问题上的官僚作风削弱了团队的力量，所以也失去了解决自身问题的主动权。团队虽然了解自己的团队角色，却不了解自己的工作角色。就这样，一种新的语言应运而生。只有星际顾问进行干预、就该问题提出建议后，火星之旅才在皆大欢喜的轨道上继续下去。

工作角色及相关系统的首次成功试验当然不是在太空中，而是在英国和瑞典进行的，而一些并行项目目前正在其他国家进行。要想取得最佳的效果，需要把团队角色理念和工作角色理念紧密结合起来使用。我原本打算在本书中加入一些案例分析，但我认为这样做可能为时过早。成功往往转瞬即逝，原因在于新创建的系统的某个组成部分在与其他部分产生关联时，往往会引发失衡。团队之外的各种势力会对小团队施以难以抗拒的影响。团队外部最强大的势力来自团队所在的那个更大的团体。

我要说的是，行为和预期方面的差异源于规模文化之间的冲突。支配更大团体的是团体自己制定的那套规矩。我认为，团队的心理和团体的心理大不相同。大型团体追求的是大一统理念；大型团体会产生领导者，领导者会建构组织体系，制定规章制度，而且运用权力将自己的意志强加给下面的团队。如果出现这种情况，团体最终会吞掉团队。但在我看来，具有讽刺意味的是，团队的效率要比团体的效率高。

那么，有解决办法吗？在这里，我提出了这样一个假设：遗传基因扭曲了大型团体的行为，大型团体的狭隘性也阻碍了进步。人类不可能改变遗传基因，但借助教育和经验，人类有能力改变自己的行为。而且，时代在变。信息技术打开了实现信息化的大门，正在对人类组织产生微妙的变革性影响。在这一点上，群居昆虫发达的组织网络为我们提供了一个先例、一种范式。我曾经就这种趋势在新千年将把我们引向何方的问题做过深入的研究。

本书各章节的安排旨在将一个宽泛方法的各个部分相互联系起来，作为一系列文章呈现给读者，如果读者愿意，这些章节可以单独阅读。随附的图表主要是我在讲座和研讨会上用过的幻灯片副本，而且曾广泛征询过意见。我个人认为，图表无法单独说明问题，与其把图表单独呈现给读者，倒不如把图表和文本合并到一本书里。视觉图形和书面文字相互印证，更能完整呈现我经过半个世纪不断探索之后的心得。

每前进一步都是在他人已经奠定的基础上迈出去的。有些作品是灵感的源泉，在帮助我形成自己的想法方面发挥了重要作用。在撰写本书过程中，对我影响颇深的学者和专家有：威廉·布里奇斯（William Bridges）、彼得·德鲁克（Peter Drucker）、欧文·贾尼斯（Irving Janis）、托尼·杰伊（Tony Jay）、尤金·马雷（Eugene Marais）、彼得·森格（Peter Senge）、里卡尔多·塞姆勒（Riccardo Semler）、爱德华·威尔逊（Edward Wilson）等；最后还有本书中提到的"粉色工作"理论的提出者、已故的 C·诺斯科特·帕金森（C. Northcote Parkinson）。在研讨会上和与会者——通常是那些与我在研讨会上只有一面之交的人——交流也让我收获颇丰。再具体一点，我要感谢身边的许多同事，他们——包括罗恩·约翰逊（Ron Johnson）和大卫·高乌斯（Dawie Gouws）——为本书的编写提供了有益的建议和帮助；我还要感谢特丽·亨特（Terri Hunter）让我提前看到了她备受赞誉的博士论文。我感谢迈克尔·克雷默（Michael Kremer）在文本处理过程中帮我解决了一些棘手问题。在贝尔宾团队内部，我要感谢莉兹·戈弗雷（Liz Godfrey）为我所做的安排，感谢汤姆·罗宾逊（Tom Robson）富有成效的讨论，感谢彼得·兰卡斯特（Peter Lancaster）提供的帮助和对图表提出的创意。最后，我要感谢巴里·沃森（Barrie Watson），感谢他对事业的发展做出的积极贡献，感谢他不辞辛劳，在世界各地启动新项目，传播新理念。

我很庆幸自己是团队合作的受益者，也是那些深入研究文献并结出硕果的、未曾谋面的学者所赋予智慧的受益者。我还要感谢那些在精神上给予我支持与信任的人，同时感谢在阅读《超越团队》时发现任何瑕疵的读者。

R.梅雷迪思·贝尔宾

引　言

　　在以团队为主题的拙著中，我探讨了团队的内部运作方式，其中区分了团队角色和职能角色。团队角色指的是一种行为模式，描述的是在推动团队进步的过程中，人与人之间互动的行为特征。职能角色指的是一个员工在岗位上的技术要求、经验和知识等方面的角色。大多数人在上岗时都是从职能要求出发，然后才去认识团队角色的重要性。当然，人们普遍对团队角色感兴趣，却很少有人讨论职能角色。突然有一天，我开始思考，为什么会这样。

　　角色本身对于理解人们在职场乃至在社会上的作用非常重要，因为角色创造行为模式，而行为模式又勾勒出更广泛的社会图景。人们重视团队角色，是因为团队角色有助于提高团队的效能。但奇怪的是，人们不去讨论职能角色或对职能角色缺乏兴趣，似乎与这样一个现实不符，即：任命的途径几乎总是取决于一个人对职能角色的认知。职能角色是岗位名称背后蕴含的东西。但这到底是什么意思呢？很显然，职能角色是一个宽泛的术语，不适合日常使用，可以说，这个术语只不过是一大堆概念的缩影。也就是说，职能角色涵盖了相关的专业角色，但又不仅仅涵盖专业角色：职能角色必须涵盖所有需要完成的工作，至少涵盖所有重要的工作。

通过观察组织任命新员工的方式，我们发现，一系列动作的顺序具有一定的规律性。一开始，专业角色占据主导地位，过多地强调学历资质和过去的经验。现实中，老板会说："你在这个领域很有资历，所以我才交给你去做，我相信你在这个岗位上会有所作为。"换句话说，老板相信求职者能在岗位上有所作为，所以没有必要再对他指手画脚。专业性强的工程师、会计师、律师和医务人员一般属于这一类。在这种情况下，工作如何去做是不言自明的。现实中的此类入职培训，也就是把新员工介绍给同事们、向新员工介绍基本的工作流程和环境而已。

大多数岗位都是主要依据内部的参考指标设置的，既考虑了任职者的技能，也考虑了组织内部不同岗位之间的相互影响、相互合作。就许多专业人员的任命而言，有一种错误认识：被任命者不考虑工作环境，也无须进一步的指导，就顺理成章地知道如何开展工作。但在工作中，没有哪一个人是孤立存在的。工作总会与其他人产生交集，而其他人肯定会引来这样那样的问题。老员工都会严守自己的工作领地，捍卫自己的既得利益，免受新员工不经意的侵害。一般的做法是，出现重大问题时，有专业背景的员工应该与有其他背景的同事协同工作。正因如此，充分理解团队角色在让专业人员适应岗位、处理与其他员工的关系方面尤为重要。但仍然有人认为，即使没有他人的帮助，专业人员也能适应岗位。在某些情况下，可能是这样，但更多的时候，这样做会引发误解的危机。举一个典型的例子，一家缺乏专业知识的公司任命了一位计算机专家，目的是让公司在技术上更先进。新任命的专家会问："你想让我做什么？"
结果得到的回答却是："我原以为专业人员会知道这个岗位该怎么
干，你会告诉我们这个岗位该怎么干呢。"在生产制造业中，如果层
级体制非常明晰，就会产生此类问题。相比之下，在医疗领域，许
多高资质的人都按照自己的行为方式做事，对自己的手术具有近乎
绝对的话语权。虽然别人希望他们与其他人协商，但如果他们坚持
保留自己的意见，外来干预就很难改变他们的立场。

　　任命专业人员控制某个岗位通常都会引发一系列问题。其他人
很难操控专业人员在岗位范围之内的所作所为。如果任命的岗位专
业性不强，情况就大不一样了。此时的重点转向了另一个方向。岗
位是老板预设好的，具体该干什么在面试时就摆在台面上了，如此
一来，岗位允许做的、要求做的，都为职业行为提前设好了场景。
这时候，重心就从专业角色转移到工作可能需要的任何角色上。那
么，棘手的问题是，针对角色的这种转变，虽然做了大量的文字工
作，但还没有一种用于沟通工作角色的方法，既井井有条、简单明
了，又不会让参与转变过程的双方产生误解而且都能接受。就目前
的情况来看，岗位要求的行为方式必须由新上任的员工从看似杂乱
无章的字里行间去琢磨和解读。

　　如果现在对任职者如何解读岗位做一个总览，我们会发现，任
何岗位可能都有三种角色，即专业角色、团队角色和工作角色。任
何岗位都可以从这三个角度去解读。无论选择哪种方法，都会对岗
位的产出产生重大影响。如果只从一个层面去解读岗位，而不考虑

其他两个层面，就容易出问题。这时面临的危险就是对如何开展工作失去了判断力。不管是谁，要想入职一个新岗位，就必须从这三个角度去解读自己的岗位要求。同样，管理者在进行有效的面试时，也可以重点考虑这三个要素哪一个对被任命者的行为产生的影响最大。

一般认为，除了社交和娱乐活动，所有的人类团体都要参与某种形式的工作，而为了做好工作，就需要创造和维持有意义的角色。不论组织规模大小，这一基本原则都同样适用。弄明白不同规模的组织中岗位是如何以最优的方式设置的，工作又是如何以最优的方式分配的，这个问题是本书要讨论的核心命题。刚才提到的三种角色是理解工作行为的基础，同时也是按照既定方向去引导工作行为的基础，由此看来，这三种角色在日常工作语言中是有意义的，可以推广应用。但我认为，重要的是，还应该赋予这三种角色特定的含义。否则，这些术语可能会用偏，使用时也会很轻率，最终无法进行必要的区分。这里，团队角色很容易弄清楚，因为对团队角色我已经研究了一些时日，而且已有著作问世。九个团队角色都已经有了技术上的含义，这些含义已经广为人知，而且体现了特定的基本理念。在第一章中，我重申了我们对团队角色的认识，这样读者就可以了解团队角色这个术语的准确意义，无须再用楷体字凸显。但即便如此，在第二章和第三章中，我还是集中讨论了团队的含义，免得滥用这个术语。之所以出现团队这个术语被滥用的问题，是因为团队合作一词已经成为时髦词——每当需要从有利的角度介绍一个团体时，人们一般都会用这个术语。因此，在讨论角色之前，我首先对团队和团体进行严格的区分，因为我认为，团队和团体的心理学原理大相径庭。

据我了解，使用工作角色这一术语时，并不存在滥用风险，因为工作角色并不常用。在第四章中，我会讨论工作角色，此后在用到这个术语时，因为意义已经非常明确，即便不再用楷体字，也不会产生混淆。通过结合使用团队角色和工作角色的理念，借助现在广泛使用的"智选优才"软件（Interplace）支持团队角色，借助新设计的"定岗系统"软件（WorkSet）支持工作角色，我们在重塑人与工作之间的新平衡方面取得了重大进展。在这一尝试中，我们积累了许多经验，重新审视了目前的普遍做法。第五章至第十一章将主要与读者分享我们的经验，阐明改革的必要性。有一点越来越明显，那就是：一个组织如果对一个系统的某一部分进行改革，肯定会对其他部分造成影响。如果真的要勇往直前，就需要进行大规模的系统性改革。因此，本书的中间部分讨论了我们所做的一些有益的改革，从中可以看到改革成效的真凭实据。但由于改革与一个更大团体的种种强制力相冲突，所以不管规模大小，改革都很难得到认可。高层做出的决策如果强加给团队，可能会削弱团队的活力和进取心。很少有团队能抗得住这样的压力。只有一种情况例外，那就是：一个成熟的团队笃信自己正在做的事，对团队的效能充满自信，并且能够在与更大的团体打交道时培养出一种非权力影响力角色。一个成熟的团队不但自身要有凝聚力，对外行动时可以进行防守，而且必要时又要能伸能屈才行。

到目前为止，只能做这样的改变。在最后几章，我探讨了超级团体的问题。最终，团体可能会变得非常大，大到在任何时间、任何地点都无法聚在一起。一个国家可能由许多民族组成，而这些民族的母语和历史传统也大不相同。如此一来，角色的重心便从个人转移到机构上。如何让一个国家成为充满活力的有机体，取决于这个国家的工作分配是否得当，协同是否一致。

既然工作天生存在，那么工作该如何去做，还有许多要学习的东西。因此，我尝试从自然界获取经验。从进化的角度来看，规模庞大的人类社会诞生的时间相对较短，其源头只能追溯到由狩猎者和采集者组成的小型流动团体。因此，与那些基因遗传更适合共同生存的物种相比，人类在几个方面都处于劣势。进化的动力机制是变异与适者生存相结合。具备竞争优势，才能成为长期的赢家。有一点几乎可以肯定：与我们的老祖宗相比，地球上的人口密度越来越大，如果有什么社会组织和工作行为模式能够满足密度越来越大的人口的需要，最后肯定能找到。我个人认为，现在是时候超越目前对团队的理解，在解决我们仍然面临的更广泛问题的过程中，去向最先成功到达彼岸的群居昆虫学习了。在这个信息化的新时代，群居昆虫向我们传递的信息可谓非常及时。我们应该谦虚地去认真观察群居昆虫已经被证实行之有效的组织方式，坚信只要精选策略，就可以改进人类社会的组织形式。在此背景下，我们就有理由去尝试，因为这是唯一可靠的进步之路。

目　录

第一章

团队角色的强大作用

小团队往往能更有效地运作。针对管理者群体的调查表明，团队合作是未来需要管理层关注的首要问题，这似乎释放出了一个积极信号。有一点越来越明显，那就是：在工商界和公共服务领域，人们把时间越来越多地耗在各种各样的讨论和会议上。鉴于这种情况，迫切需要提高团队合作和其他团体活动的效率。

我在此前的两部拙著《管理团队：成败启示录》（*Management Teams：Why They Succeed or Fail*）和《团队角色：在工作中的应用》（*Team Roles at Work*）中对这个话题进行了充分的讨论。许多其他学者也著书立说探讨过这个话题，比如，卡岑巴奇（Katzenbatch）的《团队的智慧》（*The Wisdom of Teams*）。团队合作（teamwork）概念理应包括这个合成词的两个组成部分——team（团队）和 work（工作）——所涵盖的内容。但事实上，现有的文献更多关注的是"团队"而不是"工作"。在此，我个人首先要承认错误。

本书力争弥补这一缺陷，把讨论的重点放在要做的"工作"上。

该如何沟通要做的工作？工作性质又如何影响到为确保该工作顺利
开展而做的人事安排？

在一个很小的团队中，尤其是当两个人紧密合作时，关注的重
点便更多地放在个人以及他们的工作关系上，而不是工作本身，因
为工作执行的效果与两人密切合作的程度有关。这个观点很简单，
我们可以以此作为良好的开端。所以，明智之举也许是，从我早期
研究阶段中断的地方开始，对影响团队发挥作用的那些要素尽可能
简明扼要地做一个概述。

团队角色的基本原理是经过长期研究发现的。在亨利商学院与
剑桥大学工业培训研究中心联合开展的实验取得成果之前，我根本
没有意识到会有团队角色理论之说。实验最初的目的是实用性研究，
而不是理论发现。随着研究的深入，我们提出了一些亟待解决的问
题。基于同样的原理、按照同样的要求组建的团队，怎么会比其他
团队表现得更优异呢？为了寻找答案，亨利商学院才组建了辛迪加
公司[⊖]，以便让学员们能够充分利用学习的机会。

实验场景预先为参加辛迪加公司的学员进行了一系列心理测试。
在为商业沙盘模拟竞赛组建辛迪加公司时，我们尝试把各种类型的
学员进行组合。辛迪加团队集体努力的成果可以用财务结果来展示。
由此，可以相当准确地表明一个辛迪加公司的运营比另一个公司更
行之有效。由指派的训练有素的观察员负责解释不同辛迪加公司成

⊖ 辛迪加公司（syndicate）是亨利商学院常用的一种沙盘模拟教学，通常
会让 4~8 个人组成一个辛迪加团队进行演练与学习。

功或失败的原因。观察员借助一个记录系统，去测评每个团队成员在团队中所做的贡献，测评的参照点为：观察团队成员属于哪个类别，以及团队成员所做的贡献在每个类别中的数量。此外，观察员还需提交一份定性报告，对团队绩效背后最重要的深层次原因做出评价。

通过对收集的材料进行分析，我们最终提出了一系列假设，这些假设最终演变为预测因子。在周一沙盘推演开始时，只要一个团队确定了主席人选，我们会依据各公司的财务绩效，对各公司最终的成绩进行预测排名，之后便将这个预测排名装进信封密封起来，交给负责推演的秘书保管。周五推演结束后，打开信封，对实际结果与预测结果进行比较。

预测在一定程度上是成功的，这说明我们在理解和掌握有效团队合作背后的过程属性方面取得了进展。预测的主要依据是贡献的方式，这种方式是团队活力所特有的，如果我们对团队成员有足够的了解，那么他们对团队的贡献方式就可以预测。研究表明，团队成员在高管团队合作中能做出有益贡献的方式是有限的。主要的贡献方式有：协调团队工作、传递驱动力、提出创意、挖掘资源、评估选项、安排工作、跟进细节、支持他人和提供专业知识。这些类型的贡献者最终命名为：协调者、鞭策者、智多星、外交家、审议员、执行者、完成者、凝聚者和专业师。因此，每个团队成员都可以用团队角色的贡献方式去描述。就团队成员为团队做贡献的方式而言，个人的差异非常大。但通过观察，我们发现，团队成员在一个角色上表现突出，但在另一个角色上往往表现得很弱。正因如此，谁与谁搭配的问题才是至关重要的核心问题。事实证明，团队成员如果采取互补的方式组合在一起，在工作表现上要比具有相似特征而又相互竞争的团队成员组合在一起要高效得多（见图 1 – 1）。

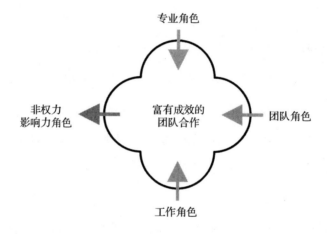

图 1 – 1　团队合作的发展本质

在被任命到新岗位时，任职者首先会根据自己所受的专业教育和培训来解读自己的工作岗位。后来，任职者会发现团队角色的重要意义。加强团队合作会带来很多好处。然而，一个积极进取的团队最终会滑向内部聚焦。在新时代，瞬息万变的世界却要求把目光放在团队之外，而且要对新需求做出更快的反应。正因如此，工作角色的语言和原理才会发挥作用，着眼于在一个连续过程中拓展和发展工作岗位。这样一来，虽然团队合作的力度和广度不断增强，但也可能会遇到新问题。某个边缘的等级制度或由庞大团体组成的官僚体制会给团队提出无理要求，进而引发文化冲突。由此看来，进步取决于团队能否很好地把握获取更大限度授权所必需的非权力影响力角色，同时也取决于能否在更大范围内对组织的现行制度进行改革。

© BELBIN ASSOCIATES, 2000

团队角色理论现在已经成为管理教学的重要组成部分，并在各行各业中得到了很好的应用，尤其是在组建和管理研发团队、项目团队和管理团队等领域。但是，一些学者著书立说，阐明他们对团队角色理论或方法（或两者兼有）的疑惑。后来，斯凯莱德（Strathclyde）大学心理学系的特丽·亨特（Terri Hunter）对团队角色理论的效度和信度进行了大量的研究。她认为：

通过视频录像，我们观察英国各地不同类型组织中真实工作团队的行为，结果证明团队角色和模型是有效的。这些团队推演了一场商业沙盘，并进行了录像。依据贝尔宾对各团队角色的行为和特征的描述，运用行为清单，对视频中个人的表现进行评分。团队中每个人完成两份个性量表测评，即 OPQ 和 16PF5，由此得出他们的团队角色。从三个测试结果中的任何一个都可以得出团队成员三个不同的团队角色。从两份问卷中得出的团队角色与被观察到的团队成员的个人行为有很强的关联性。

亨特还研究了团队角色理论中的一个重要问题。她的研究结果充分证实了团队角色理论提出的假设：一个团队中，成员的团队角色越多元（即，更加健全的团队），团队就越成功（参见亨特 1999 年的博士论文《贝尔宾团队角色与模型：基于 OPQ 和 16PF5 人格问卷的行为效度》）。

即便没有进一步的理论支撑，有效团队合作的基本经验也已经落地生根。通过对英国前 109 名培训师进行研究，亨特发现"大多数培训师认为，贝尔宾团队角色理论非常实用。超过半数的培训师表示，贝尔宾理论是他们在组织中使用的唯一团队角色模型"。我撰写的《管理团队：成败启示录》一书中因为有自我评估问卷，毫无疑问对我的管理理念的迅速传播起到了推动作用。在培训课程中，团队角色的自我评估越来越受欢迎，但团队角色的自我评估本质上确实存在循环论证的缺点。一般人认为，产出应该与自己的投入相吻合。如果过度依赖自我评估报告，把它作为衡量团队角色的唯一标准，就会暴露出许多问题。在许多情况下，自我评估得到的结论与别人对他/她的看法是一致的，但有时会出现很大的偏差。这些偏差究竟意味着什么，当时并没有得到充分的认识。这是一个需要引入个人调整策略的领域。但在进行调整之前，需要采取一些技术措施。其形式是开发一种纳入观察者评估的方法。可以对观察者评估生成的数据与自我评估报告生成的数据进行比较，从而分析二者之间的相关性。当时对从传统纸笔测试中获得的数据采取人工方式去处理，显然已无法满足形势的需要，将各种信息输入计算机，既可以处理更多的信息，又可以进行必要的运算。

新的研究方法业已诞生。面向职场上个人效能高于平均水平的人员进行的调查表明，自我认知和观察者认知之间的良好一致性是行之有效的评估指标。但是，如果两组评估数据出现分歧，就说明，在实际工作中，一个人不适应工作环境，换句话说，如果不适应工作环境，一个人的工作效能就低于平均值。用日常的话说，大多数自我认知清晰的人要比在人际交往和工作关系中隐藏自己或对自己持不切实际想法的人更有优势（"我认为自己有创新意识"——"我认为他一点儿创新意识都没有"）。

但是，评估结果的矛盾不一定说明一个人本质上就差，有时候只是说明一个人在充分发挥个人实力时所采取的策略欠佳。情况往往是，有一部分人，大家知道他们过去取得的成绩很优异，这也符合他们的自我认知，但那些与他们关系较疏远的同事并没能认识和利用这种认知。在这种情况下，问题通常出在这类人未能准确地凸显自己。一些非常低调的人尤其属于这一类。这类人很少发表自己的看法，所以别人不了解他们。因此，在别人眼中，这类人即便不是刺头，也很难共事。

所有这些例子都支持这样一种观点：要了解别人眼中的自己的团队角色。如果自己眼中的自己和别人眼中的自己渐行渐远，那么就可能需要去适应和调整。这一学习的过程聚焦到一点上：适当管理自己的言行，努力做到有条理地与其他人沟通。

另一个重要的学习点是想方设法去适应各种困境。如果一个居于领导岗位的人抢占了别人最擅长的团队角色，由此而引发的竞争是好事吗？如果我们铭记高效团队和低效团队的经验和教训，答案显然是否定的。相反，应该鼓励那些熟悉团队角色理论的人在发挥团队角色方面做出牺牲，切换到他们不太喜欢的角色上。这样做需要有意识的自律，短期内也会结出硕果，但时间一长，可能就不管用了。这种角色的切换一旦拖久了，或工作进展举步维艰，就会引发焦虑感。一个人喜欢的行为最终会浮出水面，放弃团队角色的代价就是明显的压力。

随着团队角色理论的推广，越来越多人在实践中证明了它的实用价值。就在我们认为不可能有进一步的重大发展时，发生了一件令人匪夷所思的事，这件事从表面上看似乎自相矛盾。随着团队角色理论得到进一步巩固、受到广泛的认可，该理论在实验场景中的预测居然不如以前准确了。

我们开始怀疑，早期的成功预测是不是偶发性的，不过我们对结果进行的统计分析表明，预测不可能是偶发性的。后来，困局开始出现了曙光。我们发现，为管理沙盘模拟演练而成立的各公司，在对理论的反应程度与对现有个人数据的反应程度两方面，存在着很大的差异。有些公司基本上忽略了个人数据，只专注于沙盘模拟演练，因为它们认为，时间最好花在眼下的任务上。相比之下，另一些公司虽然有时对自己获胜的概率持悲观态度，但注意到了手头上的信息。不管模拟演练公司持何种观点，研究都发现，如果公司根据对团队状况的了解积极主动地调整自身行为，对它们成功的概率会产生积极的影响。

由此，我们可以得出这样的结论：人类的行为方式遵循的是概率范式，而非确定性范式。人们不一定按照特定的方式行事，因为人们可以按照自己的意愿去做决定，或者对事物做出不同的反应。一个人一旦掌握了对自己有利的信息，就会按照自己的意愿做事。实际上，团队角色理论不仅已经成为一门哲学，而且已经成为推进人类合作方式的哲学。

第二章

团队理念面临的挑战

团队合作理念虽然获得了成功，但趋于完善的发展势头很快就出了问题。随着"团队合作"理念得到生产制造业和公共服务等领域越来越多的认可，这个问题便出现了。"团队合作"一词本身就体现了协商与合作的种种优点。我们可以把这样的成绩当成一种胜利，因为胜利的到来预示着组织文化的重大变化。但在这种胜利中，往往埋藏着灾难的种子——实际情况也确实如此。"团队合作"一词一旦变得炙手可热，便成了请各色人等躲到团队合作幌子下的邀请函。把相信团队合作挂在嘴边成了中层管理人员和 HR 人员获得普遍认可的一道护身符。

在一次因为要给出差异性结论而备受瞩目的经历中，就出现了示范标志和警示标志混在一起的现象。就在人们对团队合作兴趣正浓的时候，有一次，我与另外三人受邀去为由兰克施乐公司主办的一场全国性比赛做评委，评出公共服务部门的最佳团队。参赛团队很多，每位评委必须先阅读每个团队的参赛材料，然后做出评判，最后选出四个团队进入决赛。随后，在伦敦肯辛顿市政厅，进入决赛的四个团队当众陈述各自的报告。四个参赛团队都提交了可圈可点的报告，取得的成就也得到了独立审查机构的认可，只等评委们做出最后评判。在最后评判之前，还需要参考参赛团队的口头陈述，以及各团队面对评委提问时的综合表现。

评委一致认定，最终获胜的队伍是曼斯菲尔德区议会的清洁工团队。似乎很奇怪，清洁工团队站在光荣的讲台上表现如此抢眼，更值得注意的是，他们提交的材料胜过了其他值得敬佩的竞争对手。再者，清洁工团队表现出很强的自信心。在强制招投标制度下，经过激烈的竞争，他们赢得了在区议会里继续做承包商的资格。面对这样的大事，他们团结起来，去思考如何在提供全方位保障的同时，又能灵活地提供最优质服务。他们身穿"头号团队"T恤衫，乘坐市长提供的劳斯莱斯牌汽车，从曼斯菲尔德赶到伦敦。所以，他们认为，如果他们不能获奖，就得出汽油费。一名开垃圾运输车的司机代表大家做了口头陈述，他和同事们都娴熟且充满自信地回答了评委的提问。结果公布后，其他参赛团队都走上前，大度地向获胜团队表示了祝贺。

这件事让我想到的第一个问题是，为什么曼斯菲尔德区议会的清洁工能够作为一个团队表现得如此出色。关于这一点，我们可以从社会经济背景中找到一些线索。比赛开始前的一段时间，曼斯菲尔德地区刚刚遭受了关闭煤矿的冲击。正值就业机会堪忧之时，许多矿工涌入劳动力市场。由于区议会准备更换一批服务完全缺乏竞

争力、不称职的清洁工，所以一些矿工把因此出现的空缺当成就业
的大好时机。这些新入职的清洁工都有井下的实践经验，对团队合
作了如指掌。由于井下工作本身很危险，再加上工作性质要求他们
彼此间要依靠合作，所以团队合作对他们来说具有生死攸关的意义。
他们与参加本次全国性比赛但没能进入决赛、以人为做作方式进行
"团队合作"的其他参赛团队形成了鲜明对照。一般参赛团队的报告
读起来就像一个部门的年度报告，把所有员工都感谢了一遍，根本
没有说明进步是如何取得的。临近报告结尾，才第一次提到团队合
作。有的报告甚至到了最后一页才提到团队合作，但团队合作理念
本该贯穿始终才对。

但这并不是让我开始怀疑团队合作理念该往何处去的唯一一次
经历。培训部门越来越多地忙着开办以提升团队合作的基本价值为
宗旨的培训班。通常情况下，培训的形式是在某个富有魅力和刺激
的环境中一起参加某种活动。这些活动的目标很少是去发现某种更
行之有效的工作方式。相反，活动的重点是洞察团体中其他成员的
行为和认知。这种培训普遍受欢迎的一个好处就是提高了学员的沟
通技能，尤其是在人们很少相互交流的组织中。于是，这种显而易
见的成果成了此类新培训课程的一个主要优点。另一个普遍认可的
好处就是乐在其中。如果有人说他多么喜欢某个课程，那么他也是
在说，课程本身是值得一学的。这可能是好事，但沉溺于这种乐趣
也会让培训偏离方向。

沉醉于交际环境、乐在其中被人为地用来作为激励员工的手段。

在自我实现高于绩效要求的组织文化中，这样的培训目标变得尤为重要。在这里，简要回顾一下我和一位同事受邀为美国一家大型实业公司开办课程的经历。长期以来，这家公司的管理方式过于专制，当时，公司的业务已经开始走下坡路。一位新上任的首席执行官主张大刀阔斧地改变企业文化，就这样，目标盯上了团队合作。在培训课上，我们采用了一个名为"团队大富翁"的模拟练习，这种练习是依据众所周知的"大富翁"棋盘游戏的原理创建的。换句话说，为了营造"大富翁"的条件，在成功的基础上再造成功，以便为那些取得成功的人创造巨大的优势。在模拟练习中，我们将四个人组成一个团队，加大了游戏的复杂性，扩大了协商的范围，制定规则时尽量避免运气在最终结果中占太大的分量。因此，有赢家也有输家。模拟练习结束后，团队要分析自己的优点和缺点，通过分析挫折和失败的原因，从中汲取经验和教训。在此前，我们就已经发现，遇到困难的团队比获胜的团队学到的东西要多，获胜的团队往往只会沾沾自喜！

但是，在这个特定的环境中，模拟练习没能按原计划进行下去。在试验之初，参加培训的人全都来自人事部门，他们处理人员组织问题的方式要温和得多，他们参与培训的首要目的就是看一看这种培训对生产和销售人员是不是适用。在这种情况下，参与者当然不喜欢培训课程中的竞争性元素，还说他们喜欢那种"每个人都是赢家"的模拟练习。那是我第一次碰到这种态度，后来我才意识到，这样的态度现在越来越普遍。于是，我们改变了培训的设计方案，让培训的重点往舒适区方向倾斜。不舒适的体验不但没能成为学习的源泉，反而搅得学员们心烦意乱。培训是培养团队精神、增强凝聚力、促进人际互动的一种方式，培训的目的是提振希望和抱负，而不是让学员心神不宁或改变什么。但事实证明，温和的管理体制取代强硬的管理体制，结果都是短命的。这套向舒适区倾斜的方案走进了死胡同。

另一个相关的问题是，教育培训课程本身虽然独具魅力，但重新放到职场之后往往引出各种难题："我在培训课上玩得太开心了，搞得我现在觉得工作太乏味了。""培训老师比我的上司好多了。""培训回来后，我觉得更不满意了。"如果培训课程有自己内部的成功标准，而这些标准（不管是不是实现了）又与出钱举办培训班的组织的成功标准不同，那么肯定会出现这样或那样的问题。

这里，我们要把放纵因素纳入必须考虑的范围。当然，在其他领域也有这种情况。以广告和公关专项预算的使用为例。遇到大型的体育赛事，高层管理者往往会预订包厢和价格不菲的座位，供自己和包括少数客户在内的其他特权人物去享受奢侈的娱乐。他们根本不想改变态度或观念，也不想拓展新业务。同样，有些公司大把花钱，安排高级职员和家属到外地去度周末，在此过程中还穿插上一场会议，以证明活动安排是有理有据的，但这样的理由根本站不住脚。还有些公司，甚至还不知道钱该从哪里出，就已经做出了举办娱乐活动的决定。结果，讨论的重点变成了计划的活动经费是从培训预算中出还是广告预算中出、哪个更方便而已。自我放纵已成为操纵预算的一股力量。

　　这并不是说，花公司的钱举办大家都喜欢的娱乐活动为员工减压这件事不值得去做。但在一些盛行压榨文化的国家，这样的做法显然是不存在的。过去在英国，尤其是在没有法定节假日之前，家长式的老板经常安排员工出游。最初，正是因为作坊主带员工乘大巴去海边一日游，布莱克浦⊖才成了度假胜地。员工们的娱乐方式就这样成了惯例，这种娱乐方式至今保留了下来。时至今日，既然公司的财务状况能够负担得起这样的开支，公司的董事们显然没有道德上的理由不让自己或员工享受一下鼓舞士气的待遇。

　　然而，人类的动机已经复杂到有放纵因素渗透到培训中来，而且成功地背离和抹杀了培训的初衷。由此而造成的危险是，培训可能会偏离重心。虽然说掌握团队合作的基本技能，团队成员同心协力，会创造出更大的价值，但人们并不想去学这些技能。相反，培训正在演变成受欢迎的团体活动，且这些团体活动倒成了培训的最终目标。

　　一旦严格意义上的团队合作丧失了前沿优势，取而代之的就是索然无趣了。团队合作的深层含义是每个人都有责任。如果根本没有社会差异化，责任均衡实际上就等于所有人都没有责任。果如此，团队合作便失去了它的号召力。一旦出现这种情况，必然会遭遇到强大的阻力，而变革的逆流很快会滋生出一批干预型的管理体制。这种变化几乎在一夜之间就会发生。一名 CEO 退休或被解聘，由另

――――――――――

　　⊖ 布莱克浦（Blackpool）：英格兰西北部兰开夏郡的海滨风景区。

一名 CEO 接任。于是，以前取得的许多成绩被弃之一旁，取而代之的是"新官新气象"。搞不懂团队角色的价值和重要性，搞不懂团队的真正意义，可能会让多年的发展毁于一旦。

Beyond the Team

第三章
团队与团体的区别

随着团队合作逐渐变成时髦词，团队合作便取代了人们常用来指代"团体"的术语，比如，自主工作团体等曾受欢迎的术语正在迅速退出历史舞台。现在，不管什么性质的团体活动都叫"团队合作"。这里，可能有人会引用莎士比亚的那句名言："叫什么名字又有什么关系呢？玫瑰换个名字仍然很香。"[一]如此说来，我们是讨论团队，还是讨论团体，真的很重要吗？

对决策者来说，答案是肯定的。团体心理学是一个独立的领域。大团体都有自己的一套规范。在某个更大联合体的一些亚团体中也发现了类似的效应。各种强大的势力在左右着集体心理，比方说，强迫年轻人穿特定的时装，哪怕这种衣服既不适合场合、穿起来也不舒服。这样的规范把标准化的影响力强加给个人，目的就是打造团体的身份认同。与团队不同，团体心理学关注的不是不同角色之

一 此句出自莎士比亚名剧《罗密欧与朱丽叶》第二场第二景。

间的合作，而是在共识上插一面旗帜。

要坚持良性团队合作的基本原理，不致因语言的滥用而被削弱，就必须把团队和团体这两个术语的意义说清楚，免得混淆视听。为此，我想出了一个简单有效的方法来说明二者的区别。如果让我在管理层会议上发言，我会说："团队是管理学从体育中借来的术语。有史以来，等级体制从未使用过团队这个词。成吉思汗嘴里说不出这样的词来。"我会继续说，体育中的各种原理同样适用于管理。接下来，我会让与会者做一个练习，请他们找出区分团队和团体的六个特征。

面对这样的问题，如果有人奋起迎接挑战，通常会想到一些抽象性的概念。这些概念无非就是意识、态度或使命感之类的名词换个说法而已。这时，我会继续问："可是，怎么才能让我这个局外人弄清楚其中的差别呢？"要防止把团队合作与绝对一致的团体合作混为一谈，就必须用一种更简便的方法来区分这两个概念。因此，我给自己布置了一个作业：找到最佳的区分点。经过认真思考，我认为，最好的区分点就是两个字——规模。团体可以由任意数量的人组成，随着团体中人数的增加，每个成员的认同感都会淡化，具体的角色贡献也会随之削弱。团体认同和从众心理便占了上风。一旦出现这种情况，就像大型政治集会和宗教集会那样，团体成员都会以团体领袖的马首是瞻。但如果几个人为了一个共同的目标聚在一起，情况就完全不同了。在理想状态下，每个人都会考虑自己如何做出最大贡献。接下来，其中的个人都会努力在一个社会环境中发现和确立自己的身份认同。因此，从行为角度看，团队和团体对各自成员施加的影响刚好相反。

如果团队比团体小，那么一个限定性的问题就是：究竟多小才算小？凭借多年的经验，我认为，就团队而言，有一个大家都喜欢的数字，那就是四。四个人可以各自坐在正方形或长方形桌子的一侧，没有领导。团队成员就这样围坐在桌子旁，通过这样的座次安排，鼓励他们作为一个团队一致行动。我还很喜欢数字五和数字六。数字超过六以后，成员之间的贡献分布就会不均匀，其中一人很可能就会占据主导地位。随着规模的扩大，主导权与资历、地位的关系也越来越密切，贡献率所起的作用也逐渐削弱。如果一些资历非常深的人在一起开会，规模超过了团队的最佳规模，或凌驾于团队之上，就会出现团体的局面，这时候，声音分贝管控在权力斗争中就会起关键的作用。到这时，某个有影响力的人很可能会成为公认的领导者，其地位也会因其他成员对其唯命是从而得到巩固和加强。

强调规模的重要性与从团体体育运动中获取的经验和教训是一致的。每支队伍都有固定的规模。这样的规模让每名队员在队伍中都有明确的角色。当然，一支足球队不可能有三十名球员，否则球场上会乱成一锅粥。在一个规定大小的球场上，球队规模太小，球员们到处跑动，很快就会累得精疲力竭。因此，所有场地性的体育活动都有一个最佳的队员数量。

在规模问题上，团体体育活动与一些人聚在一起开会和做决策有一个重要区别。在团体体育活动中，队员可能分散在场地上，在比赛过程中彼此间很少有语言的交流，尤其是那些边路的队员。在生产制造业或公共服务领域，团队成员彼此间需要经常沟通。团队是放在集体管理位置上的集体。但问题是，这个管理集体有几个人，他们的想法可能不一样，而且能将适当的信息传递给这个集体中所有人的人是少见的。如果出现这种情况，那就只剩下两种可能性：要么整个集体乱成一锅粥；要么一个人说了算，其他人只能受到压制。

欧文·贾尼斯［Irving Janis，参阅 1982 年版《团体思维》（Groupthink）］的研究表明，团体思维最突出的问题是思路的清晰度严重下降。贾尼斯充分论证了，在政治领域和商业领域，某些惨败的根本原因在于糟糕的决策过程。他详细指出了决策过程中各种问题的普遍性特征，将这种特征称为团体思维。这些问题包括：总幻想做出的决策毫无争议、无懈可击；动不动就对小圈子之外的人抱有成见；总幻想小圈子高人一等、对经常出现的各种问题持错误观念。虽然贾尼斯对这一现象进行了深入细致的研究，但引起我关注的问题是，集体做出的决策为什么反映不出这个集体中个人的智慧呢？很显然，这种现象在团体中司空见惯，但在我的职业生涯中，我在团队中很少碰到同样的现象。

贾尼斯的研究中有一点值得关注，那就是：人们可能会认为，资历深的人就是有聪明才智的人，但在处理重大问题时，资深人士并没有表现出聪明才智。很明显，这是一种只在团体语境中才有的团体现象。鉴于此，我提出了如下工作假设：表面上看，任何团体都有团体智商，但团体智商并不等于这个团体所有个体成员的平均智商。

现在的问题是弄清楚我们能不能预测什么样的团体才会用这种有问题的方式做决策。关于这一点，贾尼斯没有告诉我们明确的答案。我认为，究其原因，在贾尼斯研究的团体中，没有数据记录团体中的人数。如果只讨论团体的发展史，这样的数据可能并不重要，但如果是做预测，这种数据无疑是必不可少的。我在预测方面积累的经验让我相信，团体中的人数是重中之重。我亲眼所见的最混乱的行为总是发生在本应秩序井然的大团体中。这让我们想起了那句名言："如果让一个委员会去画马，那么画出来的肯定是骆驼。"

认识到规模的重要性之后，我梳理了规模和效率的抽象关系，这与脑力劳动相关（见图 3-1）。如果只有少数人在一起开会商讨决策，聪明才智往往从一开始就迅速飙升。俗话说，"两人智慧胜一人"，也许三人智慧胜两人，四人智慧也可能胜三人。但如果以此类推，只添人而不添料，注意力便开始分散。英语中更倾向于用贬义词来形容更大的团体，如"暴民"和"贱民"[⊖]，说的就是这种现象。

㊀ 原文为 mob（暴民）和 rabble（贱民），均含贬义。

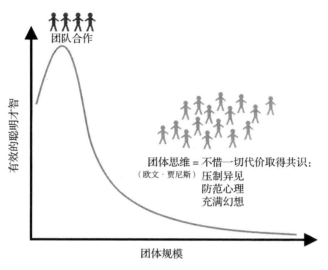

图 3 – 1　规模还是效率

从工作产出角度看，通过与他人互动可以提升聪明才智。但随着参与人数的增加，富有聪明才智的行为会相应减少。

　　除了规模之外，我认为第二个最重要的因素是选拔。关于这一点，我们先拿足球来打个比方，就比较容易理解了。我会问研讨班的学员："一支球队如果总让球迷失望，球迷会怎么做？"毫无疑问，我得到的答案是："球迷会要求教练下课"。我会假装惊讶地提出异议："可是，教练不在场上踢球啊。"其实，这样的问题根本用不着讨论。大家都明白，在选拔队员时，教练的作用至关重要。用错球员，或者球员不能密切配合，比赛就不可能取得好成绩。想让球队在场上有良好的表现，就要靠负责选拔队员的教练。

　　体现团队与团体之间区别的还有其他一些因素（见图 3 – 2）。首先是领导权和领导风格问题；就这两点而言，团队和团体表现得完全相反。一个健全的小型团队的典型特征是：领导权是共享的，而且轮流转。出现重大问题时，不同的人挺身而出，做出自己特有的贡献。但在一般的团体中，情况截然不同。尽管工作重心发生了变化，但领导权岿然不动，因为专权领导者不愿意看到自己的权力受到挑战，也不愿意看到自己被人取代。专权领导者一旦在团体中掌了权，几乎总是推行政策的标准化。他们会把自己的工作作风和好恶强加给别人，持不同意见的人是不受欢迎的。他们内心的紧张情绪通过外部表现释放出来，对圈子外面的人总是无形中充满了敌意。

	团队	团体
规模	有限	中或大
选拔	至关重要	无关紧要
领导权	共享或轮流	专权
认知	相互了解、相互理解	紧盯着领导
风格	角色多元与协调	趋同、因循守旧
精神	动态互动	团结一致打压对手

图 3-2 团队与团体的六大区别

研讨班的一项练习是要求学员区分团队和团体。学员们发现，团队的许多特征在团体中多少也能看到。但很少有学员发现，图中的头两项特征对集体行为产生的影响最大。

接下来，局势演变的过程是，大团体一般会出现专权领导者。随之而来的是独断专行的领导风格，最终演变成独断专行的管理制度。如果大多数人对这样的结果觉得后悔，一个反应就是更换领导。

这样，彻底的变革就来临了。历史上，这样的事已经发生过很多次，但变革的结局通常是一个暴君取代另一个暴君，因为最初那种局势的演变过程又被重演了一遍。要想得到更可靠的结果，变革的方式应该是把团体变成团队。这样做可以确保不会出现团队暴政，根本原因在于，一旦在团队中进行分配，权力就分散了。

但这样的变革需要根本性的社会革命。如果不重视教育和民主化，以及一定的时间，这样的根本性变革是不可能发生的。同时，在大多数组织中，在团队和团体二者间摇摆不定的情况仍将持续。领导者如果有很强烈的个人抱负，也会企图把自己的意志强加于别人。其策略就是废除团队，将自己置于团体的领导地位，而团体本质上是不定型的，因此很容易屈从于领导者的态度。为避免发生这种情况，最好的方法就是，围绕个人和团队来设置岗位，尽可能不要把团体作为组织的基本组件。

第四章

何为工作角色

　　人们以团队的形式聚在一起，不仅仅是为了参加社交活动，人们聚在一起还是为了完成一系列工作。如果是这样，就涉及担任什么角色的问题。工作角色可以定义为：由个人或团队承担的任务和责任的总和。团队角色是指一个人在工作关系中愿意去做出的贡献：这种贡献是一个人在工作岗位上必要的投入。而工作角色关注的是工作岗位的要求，用一种便于沟通的语言去探讨把投入和产出更均衡地结合在一起的可行性问题。

　　读到这里，读者可能会问：这些问题为什么在千禧年之际变得这么重要呢？在人类历史的早期，由于环境要求不高，人们可能寻找更简单的解决方法。在前工业化社会，工作没有那么复杂，按性别、年龄和社会地位划分的传统劳动分工也能够满足时代的需要。但随着工业化的到来，按照过去的方式分配工作就演变成一个制约因素。如今，工厂里需要大量的工人从事越来越多的、各种各样的工作。这些工作都是根据必须具备的行业技能进行分类的。行业的定义不仅涵盖了学徒训练和培训，还包括使用的工具。因此，在实践中，一个行业的从业者不会去碰另一个行业从业者使用的工具。这种遵守行规的做法虽然曾给人带来明显的便利，却忽略了它固有的缺点。如果工作岗位很多，不同工作岗位的界限在哪里似乎只是一个小问题。但如果碰上经济衰退，那么在明确界定工作岗位时曾经貌似有用的衡量方法就会引起争议。跨越岗位边界的各方一旦面对工作岗位在逐渐消失的现实，麻烦就开始了。缺乏工作安全感会让人们更加依赖传统做法，但传统做法本身也在不断受到日益激烈的竞争的蚕食。严格按行业划分岗位的方式已逐渐落伍。要求某个岗位必须具备某项特定职业技能或行业技能，反而会降低工作效率。在不同岗位间分配工作时，工作流程难免出现没有规律性的情况。严格划分岗位的界限就等于丧失灵活性，员工的就业能力就会普遍下降。

为了弥补这个缺点，同时也为了更均衡地分配工作，另一种形式的劳动分工应运而生。工作可视为一个可供研究、测量和评估的变量。也就是说，只有当雇主能够找到足够的工作内容来证明该工作存在的合理性时，新的工作岗位才会被创造出来。因此，工作岗位从最初被认为是一个行业的各种活动，演变成一个集合，即为了满足当前需求而做的必要投入和相应产出。在此语境下，一专多能会为提高劳动生产率带来巨大效益，但同时也产生一系列新问题。从理论上说，在一支复合型的劳动力大军中，所有人都能够按要求做任何事。那么，该由谁来决定谁应该做什么、什么时候做呢？

　　一种可能的方案是组建自主工作团体，由这个团体自行决定。但遗憾的是，我们在上一章已经讨论论过，团体的工作效率并不高。团体缺乏决策所需要的组织体系，或者团体的成员聚在一起往往会逐渐形成团体思维。有时候，由于团体的组织体系松散，所以很容易确立一个主导人物，从而使团体形成自我建构的等级体制。果真如此，历史的车轮转了一整圈，团体便又回到传统的组织形式。当代危机的本质大抵如此。

　　现在要面对的问题是，虽然我们证实了团队比团体更高效，而且开发了一种行之有效的语言来改善团队成员的工作关系，但仍然需要一种通用语言来说明工作要求及相关的工作产出。团队角色讨论的是团队个人愿意做出的贡献。这向前迈了一大步。但问题还是要问：目的是什么？不管目的是什么，都必须反映外部世界的需求。在当前的传播模式下，要求我们要么以项目单的形式呈现，而不考虑任何形式的排序或优先次序，要么作为简单的目标呈现出来，这样做会让所有人都去猜想如何以最佳方式推进。只有等级制度才能将正式的要求转化为有序的实施，正因如此，这么多被社会认可的、安排工作的范式结果都是短命的。

　　在事故或灾难中，或者在明显出现问题的情况下，工作性质普遍都有不确定性。后经调查发现，人们对自己的责任是什么深感困惑，而且存在误解。这一点并不奇怪，究其原因，工作角色从来没有从责任的角度去描述，即便是用了工作角色这个术语，人们也不清楚究竟指什么。当时我注意到，在医疗领域反复发生的一连串灾难确实很难界定责任。医疗中的并发症就存在这样的矛盾：虽然患者知道自己归哪个医疗顾问和医师管，但疾病并不知道自己归哪个顾问和医师管——疾病可以随便跨越医院不同科室的边界。大多数组织普遍认为，有些责任需要分担，有些责任则适合由具体某个人承担。但很少有人知道哪些责任需要分担、哪些责任需要由具体某个人承担。更糟糕的是，许多人根本搞不清责任和任务的区别。任务是必须执行的工作内容；责任是一个人或多个人应该负责的目标。由于我经常在管理层的研讨会上发言，我认为有必要弄清楚这两个在工作中必不可少而又完全不同的概念之间的差异。

但在研讨会上马上有人对我的观点提出了质疑。有人对我说，有些任务非常重要，只能交给相关的责任人。如果碰到这种情况，任职者（job holder）就是在承担责任。由此，有人会认为，在实际工作中，任务和责任没有本质的区别。就连彼得·德鲁克[⊖]好评如潮的《管理、任务、责任、实践》（1999年重印版）也没有界定任务和责任的区别。毫无疑问，原因是这种区别是可以假设的，其实不然。没多久，我才发现，责任一词一般包含三层含义。第一层含义，责任指道德责任——这是任何雇员都必须具备的特质。第二层含义，责任指支配权限——一种可以根据工作评估计算适当薪资水平的衡量方法（另见第八章）。在这一点上，支配权限更大，与一个人负责

○ 彼得·德鲁克（Peter Drucker, 1909—2005）：现代管理学之父，其著作影响了数代追求创新以及最佳管理实践的学者和企业家们，各类商业管理课程也都深受其思想的影响。

监管的人数更多或资本设备成本更高是相互关联的。第三层含义，责任指对结果负责——通常包括管理责任，此时，由责任人自行裁量如何去取得商定的预期成果。

研讨会上的经历让我意识到，语言文字很容易造成沟通的障碍。我们选个常用词，只要查阅一下《牛津英语词典》里的定义，就能证明这一点。词义之广、词与词的差别之细，让很多人惊讶不已。就人们喜欢的流行语而言，《牛津词典》已经大体上向我们清楚说明了再明显不过的道理：领导力、团队合作和能力等术语经常被随意用来表达完全不同的概念。听到这样的术语，大家都会点头认可，但实际上对这些术语的理解根本就不一致。再加上我们在跨国公司或移民聚居区看到的语言差异，语言造成的误解显然是非常普遍的。

要解决这个问题，方法似乎只有一种，那就是：不要用词语作为沟通和交流的主要形式，转而用颜色代替词汇（见图 4 - 1）。颜色的优点是它不需要任何口头表达形式就能传递意义。一个岗位的所有核心工作可分为四种颜色。有些规定性的任务必须由特定的人用特定的方法去完成（"蓝色"工作）。有些工作涉及个人的责任，这个人对结果负有个人责任（"黄色"工作）。有些任务可以根据具体情况以应变的方式去完成（"绿色"工作）。最后，有些工作涉及决策的责任，这种责任就像在团队中那样必须由几个人分担（"橙色"工作）。

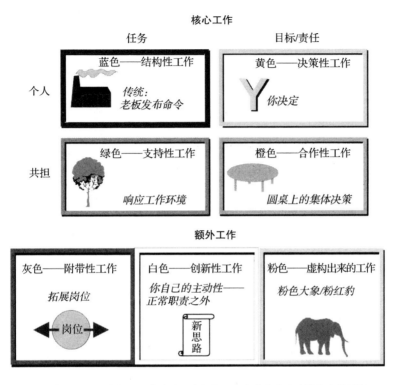

（图中，任务指必须执行的工作内容；责任指一个人或多个人应该负责的目标。）

图4-1 工作角色

该视觉图以七种颜色为基础表示工作角色的要素。如果颜色与情感和非权力因素关联起来，有时会妨碍人们对意义的理解。这个问题可以通过重视选择具体颜色背后的逻辑来解决。

颜色的选择非常重要，因为不同的颜色必须提示我们该做些什么。刚开始使用时，颜色可能会分散我们的注意力，因为对许多人来说，颜色具有情绪或政治内涵。因此，要想让人们接受颜色的交际意义，就必须让颜色有意义才行。据我们推断，蓝色是传统语言，我们可以用蓝色代表正式发布的岗位要求。蓝色是大海的颜色，在航行过程中，一切都要"井然有序"。之所以用黄色，是因为英语中黄色（yellow）的首字母是 Y，代表人的两只手臂，意思是取决于"你"（you）。绿色是公认的环境颜色，暗示了如何执行任务应考虑到现实的环境。橙（orange）既是颜色，又是水果，这种水果是圆的，同时也是一支结构合理的团队开会时会议桌的形状。

我们认为，这种解释很简单，管理者和普通员工都容易理解。在第一次试验中，我们决定就双方对特定岗位的看法——包括双方对在该岗位上各种工作如何分配时间的估算——进行比较。我们没有把管理者的估算结果透露给任职者，之后，便对两组估算数据进行了比较。总的来说，管理者认为，该岗位的大部分工作都属于蓝色工作。如果任职者按照要求做得没错，那么得到的结果就不会有问题。可任职者提交给调查人员的估算数据完全不同。他们认为，自己要做的工作很大程度上是黄色工作，而且认为管理者根本没弄清该岗位在多大程度上需要任职者担责和做决定。值得注意的另一点是，在描述一模一样的工作时，双方使用的词语大相径庭。认知差异这么大，说明双方沟通不畅。对调查人员来说，想要弄清楚对工作的两种看法的分歧或一致性程度，是一件非常耗时的差事。

现在，我们决定改变计划。下一步在如何架构工作角色时，我们考虑管理者和任职者双方的意见。管理者列出工作的核心内容，然后要求任职者就核心工作的各组成部分去分配时间。但同时我们还给了任职者一个权限。根据新的工作权限，要求任职者对核心工作之外的额外工作内容予以说明，并就工作过程中涉及的额外工作列出一个目录。同时，我们还要求任职者对额外工作所耗费的时间占比进行预估。

对任职者理出的额外工作的性质，我们做了深入研究，得出的结论是：额外工作有三类。第一类是与核心工作相关但不在规定之中的工作。例如，材料没了要去取，虽然是工作的一部分，但之前没有提过，这项工作基本上是由积极主动的人自愿承担的。帮助别人或应酬不速之客可能也会占用相当多的时间，却没被视为工作的一部分。如果把上述内容看成是岗位的一部分，那么这些工作内容就应该列为"绿色"才对，但事实并非如此。由于任职者把这些内容理解为对工作有贡献的名目加了进来，由此拓展了岗位的边界。围绕核心工作的这个灰色区域，我们认为应该取名为"灰色"。"灰色"虽然模糊不清，但可以作为其他较鲜亮颜色的背景色。

第二类额外工作也对岗位多有贡献，且更富有创新精神。有时候，任职者会发现，有一部分工作可以用更行之有效的方法完成，甚至未经授权就使用了这种方法。例如，文件可能需要重新整理；工作人员可能刚发现了一个优质供应商，于是便主动联系了这个供应商。这种时间花得很值得，但也会有风险。如果这样的积极主动能够让工作岗位朝着积极的方向发展，那么为了确保这样做不会产生副作用，任职者就必须向管理者汇报。对任职者的这类活动，传统的人事制度基本上不会有明文规定，所以我们需要找一种颜色来表达这类工作内容的性质。最后，我们决定给这类工作取名为"白色"工作。在这里，"白色"表示工作开始时是一张白纸，任职者可以在白纸上写下主动提出的、出乎意料的新内容。

任职者所做的第三类额外工作包括他们认为既没有用处也没有产出的工作。在任职者看来，这些工作毫无用处，但非常耗时。大多数人很显然都不喜欢浪费时间。如果我们认为别人在浪费我们的时间，我们会觉得特别难以忍受。因此，一种以前从来没有发现过的工作浮出水面：其实，这里是在用矛盾修饰法——一种不是工作的工作。在任职者眼里，这种工作毫无意义，但无法逃避。典型的例子就是无谓地填写各种表格。其他的例子我们会放到下一章再去讨论，因为下一章我们会对人们为什么要做毫无意义且耗时的工作这个问题做深入探讨。对这类工作，我们最终命名为"粉色"工作。这里，粉色会让人联想到粉红豹的动画画面；换句话说，"粉色"工作是指假想出来的工作。

我们的试点研究发现，共有七大类工作。其中四类是提供岗位的一方（在理想情况下）可以提出要求的。在这些核心工作之外，任职者可以再增补三类工作。因此，这一发现的重要性可以总结如下：为了正确理解工作角色最有效地发挥作用的方式，我们首先需要弄清楚管理者如何才能把核心工作充分下达给任职者。但同样重要的是，任职者如何与管理者沟通，告知其工作岗位还有哪些内容，以及依据现在的工作要求，有哪些工作是没有意义的。

经过试点试验，我们可以把工作角色理解为：在一个动态系统中分派角色，明确岗位要求，力争去创造更大的价值。工作岗位要想在不断变化的世界中求生存且赢得一席之地，就必须发展壮大，但在这一点上，过去的管理体制往往会成为绊脚石。

第五章

七类"粉色"工作

工作之所以发生拓展，是为了填满用于完成工作的时间。帕金森定律以简单明了著称。一位上了年纪的退休阿姨会花一整天时间写一张明信片，然后寄给自己的侄女，这就像虽然经济不景气，但办公室的工作人员仍忙于处理文件，不停地接打电话。不管原因究竟是什么，人们会浪费时间已经成为一个不争的事实。正因如此，才会出现机遇。我早年的产业生涯给我留下的一个难忘印象是，工作研究专家一直忙于研究和测算既没有产出又无所事事的时间。他们得出的结论是：把可利用的时间更充分地利用起来就可以节约时间。事实证明，这种方法是提高员工劳动生产力的一个有效方法。

现在要提出的问题是，"粉色"工作是不是只是帕金森定律用颜色换了个外壳而已？虽然二者明显存在相似之处，但我认为，我们不能在二者之间画等号。事实上，二者基本上没有交集。的确，帕金森定律和"粉色"工作关注的都是被浪费的时间，但导致时间浪费的根本原因却大相径庭。帕金森式的浪费时间即便其过程是潜意识的，也是有关人员有意而为之。以敷衍了事的办公室工作为例。最乏味的就是无所事事。我们对秘书的职能反复进行了研究，结果表明：最不受欢迎的岗位是那些无所事事的岗位。如果工作没什么事可做，任何人都可以找到解决方法，那就是：找一件让自己看起来很勤奋的事去做。这种装模作样非常有效，让老板都信以为真，认为工作确实很忙，同时认为办公室的人员构成比较合适。显然，员工都希望保住自己的岗位，所以表现出承担了适当的甚至是繁重的工作的样子，这符合员工的利益。那些串通起来支持这种假象的员工共同绘就了这样一幅画面：老板一进办公室，一个个都会低着头伏案工作；那些忙着打电话的人也会皱眉蹙额，装出一副煞有其事的样子。老板一离开办公室，一个个又抬起头，开始闲扯起来。

谈起"粉色"工作，情况可能大不一样。其实，任职者始终在抱怨自己的时间被白白浪费了。很多时候，"粉色"工作的根源在于老板，因此，几乎可以肯定，如果不做一番调查，任职者是不会公开发牢骚的。除非有足够的信心，否则任职者无论如何不会说出"粉色"工作具体表现在哪里。在任职者看来，被浪费掉的时间是老板强加给他们的，要任职者说出自己在浪费时间，无疑会冒风险，会被误认为他们是在故意浪费时间或隐瞒工作需要的时间。如果我们在工作现场与任职者面谈，把得到的答案对照工作角色理论的应用进行比较，这一点就非常明显。任职者对待"粉色"工作的反应，就好像他们从来没有听说过"粉色"工作似的。在这一点上，他们与在单位外面参加培训班的学员的反应截然不同。在培训班上，我会把所有学员分成四到六个人的小组，从每组中请一个人结合自己的实际工作举一个"粉色"工作的例子。这时候，我面临的难题往往是，每个小组只限一个人讲。学员们举出的例子比比皆是，讲得也往往绘声绘色。在一些学员看来，揭短是一种解脱，但在自己的岗位上揭短肯定是不明智的。但在培训班上，学员们觉得自己不会受到打击，所以可以畅所欲言。

为了在工作场所营造畅所欲言的环境，让训练有素的第三方培训顾问去引导任职者说出心里话，事实证明是有用的。"你有没有不得不花时间去做对工作目标没有任何益处的事？"这样的问题会给任职者发牢骚的机会。倾听者越会倾听，任职者发的牢骚就越多。任职者对浪费时间的揭露让他们摆脱了自责，因为罪责的根源不是任职者。对培训顾问来说，重点是要诠释如何通过最后改变系统和程序去建设性地使用这些信息，然后才能营造这样的一种氛围：向领导汇报"粉色"工作的内容应该被视为对工作尽职尽责，而不是被看作未经领导同意的揭短，甚至招致打击报复。

到目前为止，我们已经发现，各种各样的工作地点和场景都有"粉色"工作。有时候，听到时间被浪费掉了可根本没有人明说，管理者的反应会非常强烈，甚至着手进行重大改组。瑞典的监狱管理系统启用团队角色和工作角色相结合的方案时，情况就是如此。迄今为止，瑞典监狱管理系统一直通过设在斯德哥尔摩的中央管理系统运作。通过减少管理层级的数量，剥夺了狱警的大部分自由裁量权。取而代之的是大量的集中管理给狱警带来的沉重负担。其中一个例子就是，大量的信息档案被定期送到某个监狱，堆在那里根本没人管。过了一段时间，堆积如山的档案便被销毁了。这种浪费时间的过程很快被狱警定性为"粉色"工作，狱警的曝光促成了监狱管理方式的重大改革。

我们的研究表明，"粉色"工作有许多种类，但某些种类已经非常明显，而且经常出现（见图5-1）。图5-1中列出了七类，其中前三类属于一组，因为这三类都事关信息的使用。在一个信息已经溢价而且很容易在计算机中存储和检索的时代，收集信息已经到了疯狂的地步。

1	**收集多余的信息** "我也收集这样的信息"
2	**要求提交信息但从未用过** "给我写个报告，顺便告诉你，我要离开一个月"
3	**收集过时的信息** "哎呀！说不定哪天会派上用场呢"
4	**等候工作** "早就该这样了"
5	**毫无意义的荒唐行为** "你可以走程序，反正我知道该怎么决策"
6	**无谓的出差** "我觉得我还是去走访一下他们吧"
7	**开会** "说了这么多话，真是浪费时间"

图5-1 七类"粉色"工作

任职者很容易发现"粉色"工作。"粉色"工作一般是经常性的工作。

第一类"粉色"工作是收集多余的信息。这意味着其他部门也有同样的信息，或者其他人也收集了同样的信息。讲一家公司的案例：该公司在管理中很早就使用了 IT 系统，但仍在沿用原来的文件管理系统，而且占用了大量时间。经了解发现，这样的文案工作只是复制内联网上已有的信息。我们对这种文案工作如何延用下来进行了深入调查，结果发现，由于计算机系统是新上的，最初保留文件只是为了安全备份。可十二年过去了，这种无用功仍在继续！

第二类"粉色"工作是要求任职者提交信息但又从来不用。最常见的表现形式就是写报告。写报告是要花时间的。这样的报告往往用来充当决策时的背景材料。可没等报告写完、提交和阅读，决策就已经做出了。所以，这样的报告没有任何用处，留给报告撰写人的也只有极度的沮丧。有些老板动不动就要求任职者写专题报告，但又常常突然出差，所以他们自己永远也没有时间去读这样的报告。要求任职者提交专门信息与大男子主义者不深思熟虑就做出决策的癖性总是一对难兄难弟。

第三类"粉色"工作指的是那些已经边缘化的、收集过程中又没有成本效益的信息。这种信息以前曾用过，可现在其他形式的信息已经取而代之。但老板仍然要求任职者收集这样的旧信息，免得哪天有人再用得着。尽管如此，基本上没有人去终止这种做法。在存在各种各样用户对信息有需求的领域，例如医疗社区或社会案例等工作领域，第三类"粉色"工作仍非常普遍。

第四类"粉色"工作是指等候的时间，或者更具体地说，是计划外等候的时间。"我们为什么要等呀？"这句话很快就成了那些工作本该如期到来却没能到来的任职者的口头禅。对那些在关键时刻等病历或 X 光片的团体来说，沮丧感不言而喻是最强烈的。另外一种情况是，拿到的病历根本就不是想要的病历。但是，"粉色"等候时间在从事体力劳动的领域最为普遍。建筑行业的一个通病就是要等建材送到工地，这也是小型建筑公司动不动就破产倒闭的一个原因。同样，由于物资储备和零部件短缺，生产制造业作业工人中，"粉色"等候时间也屡见不鲜。造成这种现象的原因往往只是因为工厂内部未能及时从仓库调货。但有时候，工作的停滞是工厂外面的供应商造成的。货车因交通拥堵被耽搁在路上，或者某批次货物的质量有问题，不得不退货。由于许多企业执行零库存制度，所以此类性质的事故造成的影响就更加严重了。以前，许多企业执行缓库存制以备万一，但淘汰了缓库存制度之后，"粉色"工作便应运而生了。要想摆脱不必要的等候时间，需要更好地去规划和协调。由此看来，"粉色"工作在汇报问题和找出问题方面发挥的作用对工作进展的贡献无疑是巨大的。

第五类"粉色"工作可以说是毫无意义的荒唐行为。由于现行的政策不会、也不能够给工作带来任何有益的产出，那么就只好走工作流程了。一个典型的案例是，任命决定已经做出，再去发布公开招聘广告。发布这类招聘广告可能是为了自豪地向公众宣称所有任命都是公开透明的，但只要文字游戏而非按照广而告之的精神办事既浪费时间，又浪费金钱；既劳大家的神，更是一种欺骗。在质量管理领域，毫无意义的荒唐行为已经凸显出来。毫无意义的流程都是遵循 BS9000 程式化的要求去走的。这么做的目的无非是表明高质量是有保障的，但一心只想着去抢契约审批权，就无暇去理会已经暴露出来的问题的根源了。毫无意义的荒唐行为尤其会引发想认真做事的专业技术人员的反感。

第六类"粉色"工作是指表面上与现实工作密不可分的活动。这就是出差。管理者会要求区域代表必须走访一定量的客户：初衷是确保区域代表要足够努力地工作。区域代表知道其中一些走访会无果而终，虽然他们知道打电话会更奏效，但还是会耗时费力地去走访。强令任职者去走访一定量的客户说明，这样的岗位是按照"蓝色"工作设置的。如果把工作岗位设置为"黄色"工作，那么区域代表就应该对某些业务的结果有话语权。果真如此，区域代表就可以自行决定去走访多少次才会带来预期的结果。总之，过分看重把工作岗位设置为"蓝色"工作是造成"粉色"工作的一个主要根源。

第七类"粉色"工作就是开会。我把这个话题留到最后，目的是我们可以把开会看成本章的重中之重。我的体会是，参加高管研修班的学员中，60%至70%的人都把开会列为"粉色"工作的主要根源。一个原因可能是，管理人员的大部分时间都花在开会上了。相比之下，操作层面人员很少或根本没有时间参加会议，所以在他们眼中，"粉色"工作的根源是不一样的。但是，生产制造业和公共服务行业中人力资源性质的变化表明，随着高管和专业技术人员的人数不断增长，将来操作层面人员的人数会相对减少。因此，如果不采取措施，"粉色"性质的会议只会越来越多。

　　首先要分清楚"粉色"会议和"橙色"会议。从某种程度上说,这恰恰说明了那些策划周密、准备充足、执行有序的会议与那些策划不周、准备不足、执行无序的会议的区别。但以上并不是这两种会议的唯一区别。两种会议的与会者对会议的反应通常不一样。与会者如果积极参会而且在制定决策时发挥应有的作用,参加此类会议就是典型的"橙色"工作。相反,与会者虽然参加了会议,但在会上一句话都不说,也没有人征求他的意见,那他就会认为开会是一项"粉色"差事。这里,有人可能会说,不管谁召集和主持会议,如果不让那些不活跃的人积极参与会议过程,就是失职。但问题往往没有这么简单。如果精心挑选参加会议的人,本来可能很糟糕的会议可能会开得很成功。同样,有些人从来都不喜欢开会,他们认为开会是个沉重的负担,开会会让他们没法去做更重要的工作。至于哪些人可能喜欢开会、哪些人不喜欢开会,通过研究他们的团队角色,一般会找到答案。协调者和外交家通常喜欢开会,同时也是会议的主要贡献者。凝聚者会默许开会,但只是随大流。审议员只喜欢参加不讨论鸡毛蒜皮的小事、重点明确的会议。智多星会把开会当成提供与会者都喜欢的信息的机会,否则他们不喜欢开会。执行者和完成者只喜欢讨论实际问题的会议。鞭策者喜欢自己可以主导的会议,否则就认为开会是在浪费时间。最后,专家只喜欢那些讨论自己专业范围内的事宜的会议。

　　由此看来,会议是否成功,在一定程度上取决于邀请谁参加。但是,如果要避免会议被蒙上浓郁的"粉色"阴影,就需要对会议的形式和目的制定一些原则。我早就意识到这一点的必要性，因为我知道，关于开会，没有一个普遍接受的理论。现有的指导原则通常把会议当作放之四海皆适用的、同质化的东西。因此，对这个问题，我们需要重新思考，鉴于清除"粉色"工作这么重要，我们会在下一章重点探讨会议的问题。

第六章

如何开会

既然会议是"粉色"工作的主要根源，那么不是应该取消开会吗？这样，时间就可以得到更有效的利用。这显然不是我们要得出的结论。开会是有目的的。就"橙色"工作来说，要解决复杂的战略和政策问题，开会是必不可少的。

有些会议既合理又重要，但有些会议开不开却无关紧要，甚至开比不开更糟糕。有证据表明，如果岗位设置不明确（职权不明会让人无所适从，不知道是不是该主动担当），可以通过开会予以弥补。做决策的唯一途径就是开会。无形式的组织单位，由于汇报关系或职权范围不明确，也要开会。会议之所以存在，也有其社会原因。开会可以消除人们被排斥和籍籍无名的感觉。对那些信奉每个人都有参与权的人来说，开会可以满足他们的道德需求。

如果我们只关注工作角色，把开会当作完成工作的手段，那么这个话题就为明确主攻方向打开了一条路。第一步必须按照第三章提出的思路，区分团队会议与团体会议。团队会议能制定出富有创新性和目标明确的决策；团体会议更多涉及的是信息，以及信息在有利于确立社会规范和按照规范行事的环境中传播。这两种会议的目的存在根本性的差异，我们必须牢记二者的差异，绝不能把它们混为一谈。

通过研究"粉色"工作，我们得到了有力的证据，知道了什么不能做；但这同时也提醒我们，需要从另一端着手，先弄清楚会议成功的要素是什么。在这里，我要回顾一下成功的案例。每当我在一家已很成功的公司偶然发现一种新产品，或者偶然发现一种推动公司朝积极方向发展的新战略时，我都会不失时机地问这样一个问题："刚开始是怎么做的?"

总的印象是，成果越大，起点反而越小。"战略"（strategy）一词源于希腊语，指的是一位将军。这位将军草拟了一份进攻计划，然后下达到前线，让部队执行。这背后的含义是，将军思考后做出决定；他是在棋盘上可以随意移动棋子的棋手。但是，表象不等于实情。人们普遍认为，"二人智胜一人"。将军可以做决定，但他要与他的参谋讨论；讨论在先，决定在后。从我知之甚少的军事领域转向我更熟悉的产业领域，回顾性研究表明，重大战略举措往往始于两三个人的讨论。出人意料的也许是，这样的讨论大多不是在正式场合进行的，而是在走廊里、酒吧里、餐厅里，甚至是在度假的时候进行的。这从一个侧面解释了我们为什么要大老远跑到偏远而又美丽的地方去度周末或讨论发展大计。在一个放松的环境中，一个人的思路更容易取得突破。

战略的突破与新构想的诞生有许多共同之处。但构想并不一定会带来创新。只有构想，没有支撑，很难取得实质性的成果。最容易刺激创新的土壤是一个构想与相邻领域的另一个构想产生交集，或一个构想与之前被忽略的某个事实或构想摆在一个台面上。由此看来，社会环境对激发构想起着至关重要的作用，但并不是任何社会环境都能激发构想。一个人与某些人交流起来要比与其他人交流起来更顺畅，这是在所难免的。在这种情况下，非正式的聚会无疑会表现得非常抢眼。其实，人们会选择那些能够一起讨论出有前景机会的伙伴。

一个创新团队——确切地说是一个被寄希望具有创造力而组建的团队——提出的问题则不同。这样的团队不是自发地聚会，而是有人把团队召集起来的——不过，团队的组建可能会有瑕疵。就像为球队挑选球员一样，团队成员的选择也非常关键。其中的风险是，有些团队成员是按照职务安排进来的，这样的成员虽然各方面都合格，但仍会搅了团队的局。如果寄希望具有创造力的团队由某位明星成员主导，团队就会面临风险，因为就像在运动队里的情形一样，主导者不愿意把球传给别人。要想发挥领导力，领导就应该轮换。最好由不同贡献者共同担任领导，这样，每个人都能知道什么时候该轮到自己，什么时候由另一个成员接替最适合。果如此，团队就会自发地保持活力。

组建项目团队则是另一番景象。组建项目团队时，会有更多的制约因素和充分的理由，要求团队中必须包括哪些人，这样的人通常具备特殊的技术知识，而无须考虑他们的个性。起初，从团队角色的贡献角度看，团队可能不平衡。但这种不平衡可以在对团队进行最后润色、最后安排时予以纠正。与创新团队相比，项目团队需要用更强有力、纪律更严明的方式去管理。任命的项目负责人不仅要具备必要的个人素养，而且要具备能够赢得团队成员尊重的知识和权威性。

虽然项目团队可能看重团队成员的知识和解决问题能力，相比之下，业务规划则需要承担其他任务的人员来配合。这时候，就不能再用"团队"这个词了。以任务为中心的团体会依据它们所在的岗位参加会议，所以就不存在进一步选择的余地。这时候，组织会议的人不需要具备出众的知识，但需要施展各种技能把那些平时不太可能彼此交流的人凝聚起来。

有时候，开会是为了宣布新目标。开会时，还要留出一定的讨论时间。这时，罗马军队用了数百年的那套方案，或其中的一部分方案，仍可以派得上用场。一个指挥官麾下的团体，理想的规模是十人。数字"十"不仅便于对在场的人（用两只手的十根手指）进行点名，而且可以用正常的声音音量进行口头交流。超过数字"十"，新增加的距离可能会改变指挥官和下属的关系。

规模较大的会议一般包括分属于不同部门的人员。组织召开跨部门会议要求负责人既要持非常谨慎的态度，又要具备处理人际关系的手段。一个问题是如何赢得来自不同背景的人们的尊重。这时候，遵循程式化和预先制定好议程不但有助于会议过程，而且可以

避免不同利益者之间发生冲突。具有公认资历且具备良好协调能力
的人最适合主持这类会议。

在规模更大的会议上，人们会把焦点放在重要的领导人身上，
这样的领导人召开会议都有特殊的目的。这类会议适用于官宣，不
适用于讨论和辩论。

依据规模和目的划分会议等级与开会的方式是分不开的。一般
来说，会议越小，分工就越均匀，所以参会率就高。举办大型会议，
所有的投入可能由一个人完成——这正解释了人们为什么普遍把规
模较大的会议当成"粉色"工作。除了自己的弟子，很少有人愿意
被动地去听什么人高谈阔论。

由于研讨会的主要目的与领导力没有本质的关系，所以研讨会
也许是会议规模可大可小的唯一形式。表面上看，参加研讨会的原
因是发表论文，或者听那些具有一定专业知名度的人做报告。但实
际情况却是，大多数人参加研讨会是为了与同行见见面，借助研讨
会与同行交换意见和交流经验。研讨会的主会场连同接待大厅都成
了希望见面的人们可以聚会的地方。如果有人不在主会场里就座，
而在外面聊天，那也无关紧要，因为一旦人们登记报了道，就不再
点名了。没有人会注意到你缺席，也没有人强迫你参会。研讨会是
唯一容忍逃会的会议形式。正是通过逃会，才把正事办了。研讨会
规模越大，对那些专门去见其他参会者的人来说就越重要。因此，
就主持研讨会而言，领导力并不重要。大会主席通常只是个有名无
实的领袖，一般会根据专业声望去选择。适用于会议的一般原则对

研讨会并不适用，因为研讨会中召开的小会通常比研讨会本身更
重要。

如果有人发现，打着谈正事的旗号围坐在会议桌上与人聊天是
一种打发时光的惬意方式，他们就会对会议持消极态度。果真如此，
就不应该鼓励开这种会议。据说，阿斯达超市（ASDA）董事会主席
阿奇·诺曼（Archie Norman）开会时为了不浪费时间，根本不设桌
椅。因此，据称应该办的正事很快就办了。

但是，鉴于当今世界不同团体之间互为关联，问题盘根错节、
层出不穷，我们必须提出这样的推论：开会仍将继续发挥至关重要
的作用。认识到这一点，每次开会的目标就应该是尽可能让会议开
得有价值、有意义，而且要避免可能导致浪费的做法。图 6 - 1 依据
会议的预期目标，列出了召开会议的理想形式。总的指导原则是，

形形色色的会议

描述	理想规模	目标	操作方式
私下讨论	两或三人	创新战略	没有形式
偶遇	四人及以下	提出构想	没有领导
创新团队	精选的四至五人	有目的的创新	轮值领导
项目团队	精选的四至五人	解决问题	任命项目负责人
以任务为中心的团体	六至八人	业务规划	项目协调人
有组织的团体	八至十二人	重新定位发展方向	管理者领导
正式会议	十二至二十人	有固定议程的跨部门会议	最资深的协调人
正式通告	二十人以上	聚焦新政	专权领导角色
研讨会	数量不限	专业性聚会	有名望的会议主席

图 6 - 1　形形色色的会议

开会必须有明确目标。开会的诸多目标最好不要搅在一起，因为会议目标不同，要求
参会的人也不同，参会人数也不一样。总的来说，参会人数越多，会议就应该开得越短。

© BELBIN ASSOCIATES, 2000

如要避免"粉色"工作，会议规模越大，会议的时长就越短越好。相反，如果只有少数人参会，议题又涉及重大问题，那么会议就不必开得匆忙。就占用与会者的时间而言，小型会议是经济的，按照"橙色"工作原理召开的会议尤其如此。

把会议分成不同的类型，弄清楚每种类型会议各自的目标和操作方式，是会议发挥有效作用的先决条件（见图 6-1）。可是，很少有人理会我划定的这些界线。相反，倒是大有开起会来泛泛而谈、没完没了的趋势。结果是，既丢了会议形式，也丢了会议纪律，会场成了聊天室，根本没人在听。有时候，情况也可能正相反——大家都在听（或假装在听），只有一个人在说话，但收效甚微。如果出现这两种极端的情况，接下来所做的工作可能都毫无意义，会议便涂上了明亮的"粉色"。

第七章

授权、决策与工作文化

在人事管理领域，管理者和专业人员喜欢使用的概念也随着时代的变迁而变化。"授权"一词就是一个例子。现如今，这个词用得少了。"授权"当然意味着对工作角色重新进行彻底的评估，所以属于本书要讨论的范畴。因此，我们有必要先看一看"授权"这一概念的现状，如果原本发展前景似乎很好却出现了问题，那么就要弄清楚问题出在哪里。

我认为，讨论授权的最权威著作是罗恩·约翰逊（Ron Johnson）和戴维·雷德蒙（David Redmond）合著《授权的艺术》（*The Art of Empowerment*，1998）。作者认为，授权是员工参与的巅峰，出现在社会参与链条的末端。社会参与链条的整个过程先后共分五个步骤：通报、咨询、分享、分权、授权。在每个阶段，管理者和普通员工都在检验彼此的诚信度、开放度和可信度。授权需要做出高度的承诺，因此，需要不断增加信任，才能完成授权。在一次私下交流中，罗恩·约翰逊表达了这样的观点：在一个组织的内部，不同部门的授权程度可能会有差异。随着时间的推移，授权的程度会逐步提高。

可信度和开放度是难以衡量和评估的概念。许多公司认为自身营造了友好的气氛，也进行了广泛的咨询。但咨询往往被认为是一种机械的交流方式——只是依赖于信息技术的沟通。《授权的艺术》中有这样一段话：

一个专门从事 IT 的组织有两部分业务。一部分是专门提供详细的咨询服务，帮助各组织设计计算机管理系统的技术参数。另一部分是向同类组织持续提供技术支持。通常情况下，一个部门的员工收集到的信息可以为另一部门的员工提供线索，却很少传给能用到这些信息的人。

为了解决这个问题，该组织起初想通过建立复杂的通信系统来推动信息交流，但后来意识到，需要的不是更完善的系统，而是：

- 两个部门的员工之间更充分的理解；
- 两个部门对整个组织的责任感。

处于前端的员工需要重视和理解其他工作领域同事的需要，同时必须认识到，自己的未来不仅仅是与自己的岗位和部门捆在一起的，而且是与整个组织的成功捆在一起的。

作者认为，一个组织的各层级都需要更好、更快的决策。由此，一个关键问题是，特定的工作文化能否培育出合适的决策方式。经过对这两个领域进行调查研究后，我认为，在一个组织内部，工作文化和决策的重点可以单独去对待，而且可以用宽泛而又具有区分性的描述去说清楚。

不同组织的差距体现在三种明显不同的基本决策方式上。有的组织完全由顶层人物掌控，所有重大决策都由他一个人说了算；有的组织由小圈子决策：几个主要的主管按照自己独立的方式共同运作；第三种组织是通过协商达成共识：决策的制定要经过一个成熟的乃至复杂的社会过程。不得不承认，有些组织的决策过程晦暗不明，这一点不仅我看在眼里，许多员工也都看在眼里。

就工作文化而言，我重点关注工作是如何分配的。关于这一点，也有三种显性模式。第一种模式：员工被安排在依据岗位要求和岗位说明规定好的结构化岗位上；其实，对界定清晰的工作，人们都懂得明确的界限。第二种模式：把目标告诉员工，其余的交给员工自己见机行事。第三种模式：强调个人融入工作团体。然后，由团体成员之间自行分配工作。最后，有些组织没有明显的模式：把员工随便放到团体里，任其自生自灭。

由于授权需要特定的工作文化模式，而且会产生特有的决策方式，因此，重要的似乎是要看一看那些邀请我讲课的研讨班，看看那些公司代表在多大程度上具备了必要的条件。我采用的方法是，分别沿着这两个维度去讲述四个类别（包括无定形的那一类），并要求学员从十六个方格中选择一个最能说明他们所在组织当前状况的方格。

我原本希望得到的答案是：决策方式越专权，工作文化就越僵化。可是当结果出来后，我惊讶地发现，决策方式与工作文化的关系远没有我预想的那么紧密。十六个方格中几乎每一个方格都有人选。很难发现带有普遍意义的模式。我很纳闷，这些结果是随机产生的吗？学员会不会不知道该选哪个方格呢？唯一的办法就是通过讨论找出答案。我的结论是，学员的确在尽力描述自己所在的公司是如何运作的。他们还通过举例子、讲趣闻来阐明自己的观点。根据他们提供的信息，我就可以对十六个方格中的每一个方格予以概述了（见图 7 – 1 和表 7 – 1）。

<table>
<tr><td colspan="5" align="center">决策方式</td></tr>
<tr><td></td><td>顶层人物</td><td>小圈子</td><td>协商与共识</td><td>晦暗不明</td></tr>
<tr><td>处在结构化岗位上的人</td><td>老板管理的官僚体制 1</td><td>下面有独立王国支撑的高管团队 2</td><td>由委员会管理 3</td><td>过于落后的组织 4</td></tr>
<tr><td>目标——其余的都由员工个人决定</td><td>争强斗狠的利己主义，各自为政 5</td><td>竞争的阴谋集团 6</td><td>开会解决工作角色 7</td><td>无形式的组织 8</td></tr>
<tr><td>团体成员内部分配工作</td><td>我行我素、不顾后果的管理，浪费资源 9</td><td>分层级的团队合作 10</td><td>团队授权 11</td><td>大锅饭 12</td></tr>
<tr><td>没有明显的模式</td><td>凭直觉管理 13</td><td>拜占庭式的管理 14</td><td>棉毛组织 15</td><td>群龙无首的集会 16</td></tr>
</table>

（左侧竖排：工作文化）

图 7 – 1　文化与决策

　　研究发现，决策方式与工作文化的关系没有想象中那么密切。决策和文化的某些交叉组合甚至没有什么用处，团队授权非常少见。

表7－1 方格中选项的说明（见图7－1）

1. 一个人管理一个体制化的组织，且组织完全由个人掌控。岗位界定清晰，确保员工照章办事。

2. 在正规组织中，部门负责人各司其职，只在高管层级开会时才会见面。但由于高管会议的效果可能有限，所以部门的绩效在很大程度上取决于自己的独立王国如何运作。

3. 决策是分散的。个人以职能代表的身份参加各委员会制定政策，因此动作迟缓。

4. 重点放在遵循由来已久的正规程序。按照过去的规矩做事，等于几乎不用花心思去考虑战略问题。

5. 主管的职权虽然很宽，却没有实权。由此造成的不确定性引得众人争强斗狠、争权夺利。

6. 主管单独操作，不受顶层的明显控制。重大事项只有通过私下的密谋才能促成。

7. 个人的任命约定没有对决策做出明确规定，但鼓励协商。所以，人们聚在一起来决定该如何最好地运作。

8. 在体制不明或正在转型的公司中做个人的任命。

9. 老板做决定，但允许下属自由裁量。不可预测的行为会对老板和其他高管造成影响。

10. 人们找到自己的层级，协同做事。但不同层级间的沟通可能不畅。

11. 良好的团队建设和沟通促进工作分工和决策。

12. 没有体制的社会性组织，大家都可以畅所欲言。

13. 老板事必躬亲，人们不知道自己岗位的性质。什么事都有可能发生。

14. 任命员工时权责不明。决策受制于个性和阴谋。

15. 任命员工时虽权责不明，但把员工置于一个考虑每个人利益的社会环境之中。

16. 一群人自发聚在一起，既没有人掌权，也没有人贡献宝贵的经验。

学员们最喜欢选择的是"争强斗狠的利己主义"（导致各自为政）、"竞争的阴谋集团"和"分层级的团队合作"等方格。不可思议的是，我原以为最切合团队授权的那个方格是唯一没人选的方格。最可能的解释是，组织缺少有利于团队授权的一般条件。换句话说，要么是缺少工作文化模式，要么所采用的决策方式与让授权发挥作用的尝试发生冲突。

经过反思，我才意识到，我掌握的团队授权取得成功的那些案例，全部是由一位经验丰富、好评如潮的顾问操刀的。鉴于我们曾

设想把工作角色及其相关软件应用到产业中去，越想原因就越清楚
了。事实证明，第三方顾问的角色至关重要。自上而下的沟通始终
都是直截了当的，但如果沟通链掉过头来，就需要注入大量的润滑
剂才能实现顺畅的沟通。除了对同事，普通员工一般都不愿意坦率
表达自己的看法。他们也不想真正担责：决策是老板的事。即使责
任下放，也会被普通员工误读为上司软弱无能。在等级体制中，不
同层级之间经常会产生误会，原因就是不同层级的人不能在平等基
础上进行沟通。第三方顾问以独立身份从中进行教育、鼓励，必要
时还可以做出公断。结果就是，沟通顺畅起来，而且成绩可能非常
可观。

但是，通往授权的路上还有一只拦路虎。关于授权问题，人们
普遍会感到有些困惑。授权是把所有的责任从管理者手中全部转移
到某个人或一个团队手里吗？如果是这样，转移责任就等于管理者
退位了。管理者必须保留一部分责任，被授权的团队也有一部分责
任。但这两种责任该如何划分呢？不管结果是什么，都会是经过一
段时间协商、不断完善的过程。只有在工作范围内花时间、花心思，
对各岗位进行构建和整合，才会实现有效的授权。在这个过程中，
沟通起着至关重要的作用。在沟通过程中，适当克制地使用岗位通
用语言很有好处。只有这样，我们才有望制定出行之有效、双方都
能明白的程序。每个人都必须清楚黄色工作和橙色工作是什么，蓝
色工作和绿色工作又必须发挥什么作用。

授权给个人和授权给团队引发的问题截然不同。前者取决于甲

（管理者）和乙（任职者）之间的互相了解是否充分。如果甲信任乙，乙也知道甲想要什么以及工作范围之内的包容度，那么即便两人没有正式的协议，也可以做成很多事。但随着授权扩大到一起共事的几个人，就可能很快出现各种各样的问题。比如，人们可能都认为某事属于自己的责任，从而造成责任重叠，但也可能会出现责任真空，因为大家都认为某事不归自己管。重要的任务既可能成为所有人工作的重点，也容易被所有人视而不见。如果扩大应用范围对授权做出种种推论，肯定会充满了陷阱。

事实是，一个组织如果体制完备，就根本不存在自我授权。一个团体或团队也不会完全实施自我授权。某个人——经理、顾问或训练有素的培训师——必须授权给其他人。在促使双方达成一致的进程中，授权成为这个进程的最终产物，这样的授权才会有效。从工作角色看，授权肯定能提高所有层级上"黄色"工作和"橙色"工作的水平。权力既可以授给一个人，也可以用适当组合的方式授给一个团队。工作要想取得进展，就必须恪守这一总体策略。我们的试点研究得到的数据表明，一个组织要想充分利用好授权，就必须有自己特定的文化环境。

最后，我们必须承认，在体制不完整的组织中，确实会有自我授权的情况。原因是，授权没有与业已存在的东西发生冲突，因为没有什么要发生冲突的东西。这时候，授权给个人和团队都意味着法人组织的瓦解，为拆分成几个新企业打下了基础。一个体制一旦面临崩溃，就会创造新机遇，但这是为进步付出的高昂代价。

第八章

岗位与薪资

前面，我讨论了四大类工作，任何岗位都是由这四类工作组成的。这些变动要素可以帮助我们更好地把握岗位工作的完成方式。不过，这些变动要素也使具体的工作内容和具体的薪资形式之间的关系更加复杂。那么，工作角色的理论和实践通常是如何影响薪资体系的呢？

我们知道肯定会出现这个问题，因为岗位的变化一旦影响到任职者的薪资或薪资预期，我们的实验项目很快就会遇到各种难题。许多管理者宁可维持原来的岗位不变，牺牲岗位的拓展或改进带来的种种好处，也不愿意去面对因岗位变动而造成薪资调整所带来的压力。这就是公共组织和私营组织在受困于正规岗位评估时面临的两难困境。精明的任职者——有时有工会撑腰——会马上指出，岗位范围的拓展等于增加了职责，而职责的增加就需要有报酬。面对这种无可争辩的主张，除了额外支付工资或再招一个人来完成额外的工作之外，没有简单的答案。换句话说，人们往往把岗位改善当成例外工作，而这种工作根本不属于任职者的正常职责。这就是许多大公司面临的现状。

现在要考虑的问题是，我们该不该另起炉灶。但首先要重新审视当前的做法。为了更好地理解这个问题，我们首先需要重点考虑岗位评估的管理问题。岗位评估是什么工作角色呢？有人肯定会得出这样的结论：在官僚体制中，岗位评估本质上是"蓝色"工作。其中的潜台词就是：体制已经如此周详、如此周全、如此准确，就一个岗位值多少钱的问题，任何人只要训练有素，都会得出相同的定量化结论。这样的问题本来就不该有什么争议。如此说来，把一个岗位所得分数转化为薪资只不过是机械性的操作而已。换句话说，管理者的自由裁量权被剥夺后，转给了负责岗位评估的技术员。

既然岗位评估属于"蓝色"工作，目的就是为确定薪资差异提供依据，那么现在问题来了：该如何把岗位评估用得最恰到好处呢？岗位评估的目的是确定岗位的基本工资。但同时，其高度体制化的特点也适用于确定绩效工资。用得最多的似乎是其他的"蓝色"工作。无论哪里有"蓝色"工作，都可以精准地规定岗位如何去执行。虽然产出的性质一清二楚，但由于技能和努力程度的差异，产出会有所不同。长期以来，绩效工资主要适用于重复性的手工劳动，其中传统的工资体系一直是计件工资。X 量的件数拿 Y 量的钱。2X 等于 2Y，3X 等于 3Y，以此类推。如果一种"蓝色"工作比另一种更艰巨，或者要在困难的条件下完成，就会用有"条件"的岗位评估进行测评，并获得额外的分数。这样，就形成了薪资差异。因此，不同的手工劳动，工资的起始标准也会不同，完成基本岗位的工资与超过基本岗位预期的工资之间只存在数学上的关系，且算法相对简单。

现在来看最不适合使用岗位评估的工作类型。说到这里，有人肯定会说是"绿色"工作。工作如何去做取决于员工、客户和具体环境。社交能力、处理人际关系的手腕、愿意为别人提供支持和帮助等都是抽象概念，而且是很难量化的。在心理与医疗领域，一个能干的接待员或低薪护士的社交技能可以轻而易举地与一个正在谈大生意的人相提并论。"绿色"工作的技能要求很难作为制定薪资的依据。

接下来看一看"橙色"工作，一个团队的需求和产出本质上也可能是抽象的，因此很难简单地去评价。新产品研发团队可能会设计出一款出色的新产品，但新产品是否成功取决于公司内部的其他举措。"橙色"工作虽不是独自运作的工作，但对大局的贡献不可低估。"橙色"工作的产出是独一无二的，客观地说，与其他产出没有可比性。把"橙色"工作当作量化薪资的依据也没有多大意义。各种变幻莫测的因素可能会激励员工加入战略或决策团队。如果这种激励因素可以作为岗位评估的量化依据，高管们肯定早就赶紧找桌子坐在一起开会研究了！所以，把"橙色"工作的社会属性用于量化个人的绩效工资，肯定也是不靠谱的。

最后，我们再来看看"黄色"工作。在这个领域，利用岗位评估来制定个人绩效工资早已成了惯例。"黄色"工作的概念几乎等同于"目标管理"的概念。"黄色"工作的规模是依据"责任"进行岗位评估来体现的。但是,岗位评估语言中的"责任"与工作角色语言中的"责任"不同。在岗位评估语言中,"责任"一词包括人员、财务资源和物质资源。控制范围越大,管理者手下的员工越多,管理者拥有财务自主权的预算越高,投入物质资源的资金越多,岗位的薪资也就越高。毫无疑问,这就是为什么一些中层管理者热衷于建立自己的独立王国、不愿意节约或削减他们掌控的资源的原因之一。因此,只看重投入而非产出的岗位评估,会鼓励浪费和挥霍。这种操作方式大概率会导致岗位的产出下降!

相比之下,绩效工资重点关注的是工作的产出。这样的体制对高层管理人员特别有吸引力。管理级别越高,用财务术语说明其业绩就越容易。绩效工资不仅因便于应用得到广泛认可,而且具有强大的激励作用。普遍认可的方法是,把制造或业务单位变成利润中心,把负责人看成赢利的发动机。从表面上看,这种激励应该会给公司带来预期的结果。

但是,哈佛商学院在美国做的一项长期研究——而且 1999 年 8 月 7 日版的《经济学人》也刊登了——向我们展示了一幅不同的画面,也与我在英国的研究发现不谋而合。我们发现,虽然管理人员获得了与公司收益率挂钩的丰厚股票期权,但与那些没有此类方案的公司相比,长期收益率不升反降。原因是,高管(通常是快要退休的高管)可以得心应手地操纵公司的利润,目的就是获得巨大的短期业绩。出售固定资产、减持股票或让股票升值,以及削减研发经费等，都是实现这一目标的惯用伎俩。然后，管理人员就得心应手地套现自己的股份，购买退休年金。这种强烈的激励因素与公司的长期目标背道而驰。如果真心考虑公司的现实利益，这种做法就是致命的（见图 8 - 1）。

图 8 - 1　致命的激励

看重短期财务业绩可能会加速公司的最终覆灭。这种错误是根据"20 世纪人事与组织管理中常见的七个错误"系列访谈总结出来的。

插图经《经济学人》编辑部许可转载。伦敦《经济学人》(1999 年 8 月 7 日)。

© BELBIN ASSOCIATES, 2000

绩效工资正越来越多地用于制定中层管理人员和高层管理人员的薪资。毕竟，中层管理者承担了大量"黄色"工作，发挥着真正的主导作用。人们往往喜欢去关注某个易于量化的财务业绩指标，但这样做也可能走向意想不到而且不愿意看到的方向。例如，一家地处闹市黄金地段的大银行制定了一个方案，根据新业务的交易量去奖励银行管理人员。许多被算作新业务的款项恰好都是贷款。贷款利率虽然随之水涨船高，但坏账风险也跟着提高了！

绩效工资源于一个众所周知的假设：只有让人们想到能赚更多的钱，他们才能把工作做好。另一种观点是，大多数人如果喜欢自己的工作，而且人尽其才，都会希望把工作做好。在这种情况下，人们关注的重点就转移到为工作岗位本身制定适当的薪资水平上了。正因如此，在公共服务领域，一本正经的岗位评估才受到这么普遍的关注。

但现在的问题是，随着岗位的性质不断变化，岗位评估的方法是不是相应地做出调整了呢？就工作岗位而言，旧的划分描述在现代世界已经失去了意义。工作岗位正逐渐演变成多层积淀的结果：工作岗位是一个连续过程中一系列各种层次工作叠加起来的，而在这个过程中，各层次之间并没有硬性和明确的界限。所有这些工作都可以根据工作角色理念去分类。但利用这些分类来充当或取代岗位评估的传统标准基本上是行不通的。正因如此，两种工作角色（"绿色"和"橙色"）不可能轻易纳入评估体系。"蓝色"和"黄色"能否用一种有意义的方式结合起来，让任职者轻而易举地照着做，也是有争议的。但不管怎样，如果忽略四个主要工作角色中的两个，总体评估结果就会失真。这就是说，为了实现一个本可以通过其他更简便的方式去实现的目标，工作岗位正在演变成一个一味追求一致的概念。

我们已经注意到，岗位评估很容易误导"黄色"工作的努力方向，对"蓝色"工作来说，也容易产生这种倾向。"蓝色"工作领域经常采用个人激励措施，而且容易产生不良后果。"蓝色"工作通常强调产能，这就意味着存在牺牲质量去换数量的风险。结果，客户很可能与公司的声誉一同受损。但这还不是唯一的问题。计件工资的命题是，员工努力的程度和技能与产出是相辅相成的。但现实是，原材料缺陷和延迟交货往往打乱了勤奋与业绩之间的关联。就"蓝色"工作而言，薪酬体系一旦出了问题，一般会破坏良好的劳资关系，降低员工的士气。

现在我们来看一看目前绩效工资实际执行的情况怎么样。表面上看，绩效工资听上去很合理。绩效工资鼓励员工创造更好的业绩，同时还让员工觉得很公正——那些工作出色或卖力的人应该劳有所得。但问题远不止这一点。绩效考核的最终目的不但要看绩效工资对任职者有什么影响，而且要看绩效工资对其他工作人员以及材料和产品有什么影响。

遗憾的是，类似于绩效工资的绩效收入却用堪称武断的标准应用到整个组织。由此导致的结果之所以值得去关注，是因为公共部门也在执行绩效工资。以英国国家卫生署（NHS）为例。历届政府都试图通过划拨或扣缴经费操纵国家卫生署的业绩：这里给出的是一些记录在案的案例。政府判断医院业绩的一个依据是，把入院治疗的患者人数和（以床位占用标准为基础的）治疗成本算进去。没多久，最高当局就宣称取得了巨大进步：入院治疗的患者数量增加，床位占用率显示流转量明显提高——也就是说，床位占用的时间大大缩短了。结果，仔细检查后发现，同一个患者还没有被治好就提前出院，然后再重新入院。在重新入院时，该患者就被算成了另外一个患者。就这样，提前出院最终被算作了效率，但事实恰恰相反。

政府关注的另一个焦点是病人在门诊排队候诊的时间。在这一问题上，再一次彰显聪明才智是无限的。一些医院别出心裁地设立了所谓的迎宾护士岗位。表面上是笑容可掬地看望患者，询问患者的病情，但真正的目的是缩短记录在案的候诊时间。当然，患者诊疗时间根本不会缩短，得到的只不过是医院讨好政府所得的"好印象"。政府之所以这么重视候诊名单，是因为候诊名单也能反映医疗效率，如果候诊时间超过了标准，医院将面临经济处罚。但实际情况却是候诊时间被随意用在了让非医护人员进行检查的环节。最近我了解的一个案例说明了医院是怎么解决这个问题的。一位熟人为了接受手部手术，已经等了好几个月。让他惊讶的是，医院通知他说，很高兴地告诉他，他现在可以正式列入候诊名单了。很显然，医院有两份候诊名单——一份是上交政府备查的，另一份才是现实版。

对此，人们的第一个反应可能是责怪相关医院随意的误报。那么，我们应该如何看待医院这种为了应付自上而下的无理要求而采取规避措施的倾向呢？这说明医院在逃避责任吗？我想不是。面对这种矛盾，许多专业医护人员认为，他们的首要责任是对患者负责，而不是对政府负责。有人可能会说，政府在努力把责任下放给医院，可医院迄今为止一直表现不佳。但我认为，这种观点是站不住脚的。责任必须是双方自愿签订的契约。在等级制度中，由上级强加给下级的所谓责任实际上变成了任务。但这种任务属于哪一类工作呢？这种任务肯定不是"蓝色"工作，因为它的操作方式缺乏精确性；这种任务也不是"绿色"工作，因为它不需要对现实环境做出反应。在这种自上而下无理要求的承受者看来，这种强加给医院的任务显然是"粉色"工作。于是，愚蠢的任务便诱发了愚蠢的应对方案。

教育经费也受制于类似的无理要求。考试成绩优异的学校可以依据取得的成绩获得额外的资源。结果是，有些学校为了不拉低考试的平均分，想方设法阻挠学生参加考试。学校采取的另一个手段是减少学生可能会参加的考试科目。这样做的目的就是消除因学生参加考试的科目过多而导致成绩较差的隐患。在教育领域，具体的量化措施所造成的这种扭曲早就不是新鲜事了。马修·阿诺德⊖认为，维多利亚时代的学校对学生机械地进行训练都是考试制度的错，学生们死记硬背却没有融会贯通。在世界上许多欠发达地区，机械的死记硬背仍是教育的一大特点，而这种做法还会阻碍经济的发展。

随着绩效工资从组织层面落到员工个人头上，业绩遭到扭曲，

⊖ 马修·阿诺德（Mathew Arnold，1822—1888）：英国诗人，社会评论家，牛津大学教授。写过大量文学、教育、社会问题的随笔，猛烈抨击英国生活和文化方面的地方主义、庸俗风气、功利主义，成为当时知识界的批评之声。

扭曲的方式不仅大同小异，而且可以预测。就业服务中心是依据定职考试的排名来评价员工的。调查显示，有些员工篡改数字，虚报定职考试的排名。一个失业的人可能会被派去参加岗位面试，但根本没有经过充分考核，面试结果已经被推定出来了。还有一个领域现在已引起质疑，那就是警察的业绩激励机制。警察获得晋升的标准是逮捕量和定罪量。把定罪证据栽赃到嫌疑人身上，已成为冤假错案令人担忧的一大特征。在另一个领域也会看到各种间接的负面影响。眼下教师的个人绩效是依据学生的考试成绩来评价的。这种做法造成令人不安的一个结果是，巡视员对教师进行的随机抽查表明，一些教师不但提前打开了密封试卷的信封，而且在整个考试过程中指导学生答题。

违法行为自然会激起民怨，也会得到严惩，但这种自上而下的绩效评估还在以其他一些不太显眼的形式损毁公共部门的形象。典型的案例是交通管理员。有些地方政府单纯用开罚单的数量去考核交通管理员的业绩。但这种做法给竞争晋升造成的结果可能是，针对车辆为何临时停靠的问题，根本不去考虑交通管理员的自由裁量权。由此引发公共关系一团糟，就更不用谈优质的社区服务了。

上述案例说明同一个道理：某些类型的薪资制度对人们履行工作角色可能会产生不利影响。持反对意见的人认为，岗位评估和绩效工资有损团队合作，会扭曲产出、造成不良后果，进而制造怨气、降低士气。

但是，岗位评估的概念显然有其合理性。如果没有岗位评估，那就应该建立岗位评估机制。那些在要求不高的岗位上努力工作、拥有超强技能或在艰苦环境下辛勤耕耘的人，应该挣得比别人更多，这难道不公平吗？对此，任何人都很难提出异议。岗位评估还有多种用途，不仅为评价业绩差异提供参考标准，也是制定招聘策略的基础。但问题是，一个顽固僵化的综合体系能否为所有这些形形色色的目标服务。

正规的岗位评估方法是薪资管理的一种策略。如果因上述某些原因无法采用这种策略，还有别的选项吗？一种方法是不要追求形式化的东西，要依靠个人判断。这时候的选项是单数还是复数的问题。换句话说，对待薪资问题，可以看看它是适合个人决策的"黄色"工作，还是适合集体决策的"橙色"工作。根据工作角色理论，这两种工作对应决策的两种主要方式。由老板自己管理的小型私人企业一般采用"黄色"工作法。没有官僚体制，所以私人老板可以无拘无束地决定一个新员工应该拿多少工资。万一碰到难题，老板和员工当面协商解决。在这种情况下，推荐使用"黄色"工作法，因为这种方法既简单又爽快。

规模较大的组织情况会比较复杂。一个人的薪资多少可能对其他人间接产生负面影响。任何薪资异常都会引起人们的警觉。人们会紧盯着他们认为不公平的事例，或者紧盯着管理层的言行是否一致。这时候，理想的做法是，管理层要秉持公正。同样重要的是，要让员工认为管理层会秉持公正。最可能引发争议的领域是"橙色"工作。特殊情况可以请一支结构合理的团队去处理。由于种种原因，明智的做法是，时不时改变这个团队的成员，甚至从组织的不同层级吸收合适的成员。这时候，要认真考虑几个问题。这个团队如何在实践中排除既得利益的影响？是否应该限制团队成员去主持制定与之关系密切的同事的薪资？不同层级的团队成员之间能否维持权力平等？在制定薪资的新机制并付诸实施之前，需要对此类问题进行讨论并达成共识。团队可以随时应变，也理应随时应变。但有一个因素始终不变，那就是：不管得出什么结论，责任都由团队成员共同承担，这样做就不会让个别成员暴露在众目睽睽之下。所有结论都是团队"综合考虑所有因素"后得出的，而且，与岗位评估不同，结论的得出也不仅凭一种方法。

需要"橙色"工作就等于承认牵扯到的问题很复杂，而且这些问题最好能通过集思广益来解决。但基本立场永远不能丢。和其他任何商品一样，薪资的价格最终是由市场决定的。如果人们觉得自己的薪资过低，就会离职。如果企业给的薪水比其他地方高，求职者就会络绎不绝。但是，供与求虽然是制定薪资的基本方针，却不是制定工资差异的万能手段。对公司来说，许多固有的岗位与劳动力市场上的岗位肯定无法相提并论，但要让人们觉得公正才行。与更容易确定适当薪资水平的基准岗位相比，这个岗位怎么样？只有"橙色"团队才能做出决定。这个决定虽然可能很难做出，但就像"橙色"团队成员自身受人尊重一样，"橙色"团队做出的决定也应受到尊重。

总而言之，我认为，在大型组织中，把岗位评估当作制度覆盖所有岗位是不可取的。这样做不但会消耗大量的时间和日常文案工作，还会抬高人们对公平性的期望值，如果这些期望得不到满足，更会加剧人们的不满情绪。更重要的是，这样做会使岗位的执行方式变得僵化，进而制约岗位的发展。

但人们普遍认为，有区别地对待公正非常重要。如果是这样，管理者可以选择基准岗位作为参照。基准岗位的数量可能很少，但作为参照标准还是很有用的，尤其在基准岗位处于部门间的边界上或者需要稀缺技能的情况下更是如此。如果是这样，建议采用"橙色"工作方法。在选择执行这项工作的团队时，要从人际关系角度慎重选择，尽量采用简化的岗位评估方法。这条建议的与众不同之处在于，这种简化的评估方法只用来评估临时性（重要）的工作，而不能变成普遍使用的方法。

职场的激励因素不仅仅是金钱。薪资应始终足以留住举足轻重的员工，但不能有违政策和承诺。大多数人会先接受他们认为公正的岗位薪酬，再去谋求其他形式的报酬和成就感。从调查和研究文献中我们了解到，最受推崇的报酬是认可。人们需要别人去关注他们正在做的事，而且在他们出色完成工作时能得到表扬。这时候，工作角色反馈系统会给我们提供信息，让我们做出判断。赏识是私下认可的一种形态。但更具激励性的可能是公开认可，尤其是颁奖之类的公开认可。与工作角色相关的奖励尤其适用于奖励"团队合

作"和"岗位进步"（后者颁给为岗位创造最大价值的任职者）。我
们发现，这样的奖励可以鼓励其他人表示祝贺，而不是表达怨恨。
究其原因，似乎与期望值是分不开的。很少有人会期望得到奖品，
但许多人会期望得到他们应得的奖金。如果员工期望得到什么却没
有得到，就会产生近乎绝望的意志消沉。如果员工没有指望得到什
么，最后反而得到了，会给员工带来惊喜。我认为，奖励一词应该
仅限于给予事先没有承诺过的好处。但报酬指的是事先既承诺过又
商议过的好处。在瞬息万变的世界，大胆承诺报酬的制度会惹事上
身。相比之下，以总结成绩的方式颁发奖励要更安全，而且随时随
地都可以用。

在职场上，除薪资外，休假、宴请和补贴举办派对等形式也可
以作为奖励的手段去鼓舞士气。但工作最诱人的亮点往往在于内在
因素而非外在因素。如果任职者的工作领域与自己与生俱来的团队
角色和工作角色相辅相成，而且有机会让任职者发挥能力、一展才
华，他肯定会志得意满。这是高效的管理者需要关注的广阔领域。

第九章

为岗位增值

如果管理者把岗位的具体要求交代清楚了，任职者就只能在规定的范围之内做事。如果管理者对有抱负、有创新精神的任职者说："我想把你派到这个岗位上，看看你能不能做好"，这就是在发出邀请，但通常只有管理层的高层才会给岗位划定这么有弹性的界限。即便在核心工作这个范畴，我们也很少发现一般任职者会严重偏离要求他做的事情。这很难说是懒惰或缺乏主动性。如果有哪位员工时不时开心地踏过了岗位的边界，他肯定会面临种种风险。一个案例是，我们经常听到有人抱怨说：那些刚入职的应届毕业生没有规矩，或"乱打探别人的事"。这句话通常的意思是，应届毕业生（常常是无意中）侵犯了某个任职者严防死守的领地。反过来说，小心谨慎的美德还是很受人赞赏的。那些能力有限的人，恰恰因为在与其他人和其他部门打交道时从不出错，往往反而能牢牢地守住自己的职位。

拓展岗位的边界需要得到管理者的许可才行。换句话说，管理者要明确告诉任职者，自己不但允许而且鼓励他们去拓展核心工作。在我们开始把工作角色理念投入应用研究之后，我们很快注意到，管理者认为任职者做了什么或应该做什么与任职者实际做了什么之间是有差异的。一般的任职者会谦虚地告诉我们，他为什么放弃自己该做的事，转而去做其他的事。采取这种变通的原因可能有其合理性，但任职者却不愿意把实际情况反馈给管理者。由此，我们发现，管理者和任职者之间的沟通无疑是单向的。这是典型的自上而下的信息流量巨大，但自下而上的信息反馈却很少。其中的一些奥秘，管理者是不会知道的。

一家纪律严明的公司在早期阶段很难激起人们对"粉色"工作的兴趣。高效的公司不会承认有"粉色"工作。万一有人提起这个话题，可能会让大家很尴尬，因为"粉色"工作意味着任职者没有充分利用时间。当然，这种观点必须予以纠正。不是任职者在浪费时间，而是任职者的时间在被浪费掉。听上去差异可能很微妙，但这两种情况相去甚远。在第一种情况下，任职者是罪魁祸首；在第二种情况下，任职者是受害者。

如果把"粉色"工作讲给其他一些人听，他们的反应总体上会更积极。防备心理会突然消失。人们会畅所欲言。就像我们前面指出的那样，整个话题变成了逗乐。没有什么比蓄意揭露别人或制度本身的错误和荒谬更能制造欢声笑语了。在职场上也需要营造同样的氛围。从职场人际关系角度来说，做到这一点可能很难，但可以做。只要管理者认为列举"粉色"工作很有用，就能够做到。为做到这一点，要有一种开放的胸怀。我们可以举出很多案例说明，只有发现"粉色"工作，才能根除"粉色"工作；只有发现"粉色"工作，才能开辟前进的道路。

虽然列举"粉色"工作可能是通过否定之否定来实现岗位增值，但在实践中，这样做并不是实现岗位增值的主要途径。在任职者能够为岗位增值的三种工作角色中，最常见的是"灰色"工作。"灰色"工作是指与岗位核心工作密切相关、但往往模糊不清、界定不明的那部分工作。某些处在临界状态的工作除非明确规定是任职者的职责，否则，任职者依法依规都没有义务去做。面试的时候，那些必不可少但又乏味的任务是很少告诉求职者的。比方说，必须有人去取材料，应付偶发事件，邮寄邮件，去买茶点，或者提供各种各样的帮助，等等。这些辅助性的工作可以派一个劳工或级别较低的人去做。但更可能的是，管理者希望任职者去承担自己家门口的辅助性工作。这时候，任职者如果愿意在规定的职责之外主动发挥作用，这就是一笔宝贵财富。不但同事非常看重就业能力额外延伸出来的品质，管理者同样会器重。总会有事先无法预料的工作要去做，而这份担子也肯定会落在某个人的肩上。如果有谁能预见到可能会出问题，而且积极主动地采取应对的措施，那么这份担子就会减轻。

但是，只有预见是不够的。将"灰色"工作记录下来，可以让我们对其他工作纵览全局。这些其他工作都是什么呢？能分门别类地去对待吗？为了充分发挥任职者的聪明才智，能不能把"灰色"

工作从他身上剥离出去呢？在制定岗位规划时，如果投入不足，"灰色"工作肯定会大大增加。相反，如果在制定岗位规划时考虑周密，同时借助于大量的良好信息，核心员工才更有可能有效地利用自己的时间。

为岗位增值的第三种工作角色是"白色"工作。白色是空白纸的颜色。说起"白色"工作，就好比一个人白手起家。瞬间闪过的洞察力会告诉任职者："干这活儿会有更好的方法。"这时候，在设置岗位时重要的是，要授权任职者在自己的职责范围之内进行改进。但这种授权不可能是完全放开的。更确切地说，这种授权只是临时的。一旦发现有"白色"工作，就必须把相关信息反馈给管理者。这时候，"白色"工作的问题就要纳入议事日程，供进一步审议。答案可能是"好，我们就这么办吧"，或者"好，可以这么解决，不过最好还是……"。甚至更有否定意味的"别，如果我们这么办，可能会遇到很多问题"。

对职权范围已经定型的岗位来说，从内部为岗位增值是不可能的。若要进行改进，只能借助外部的干预。如果弹性的岗位是根据四个核心角色设置的，但又能让任职者通过"粉色""灰色"和"白色"工作等途径去拓展岗位，就会形成明显的对比。这时候，任职者可以举证原本风平浪静的岗位突然发生变化的种种迹象。例如，在制造业，废料和废物相对长期以来可容忍的水平突然下降。在一家高科技企业，平常只是接听电话和回复询价的行政人员，突然对开拓市场和促销产生了兴趣。一直与供应商打交道的某个人，突然翻起了电话黄页，对其他潜在的供应商展开调研。服务人员，尤其是在处理电话事务的过程中，能够积极主动地保护专业人员，让他们免受时间安排上诸多无礼要求的干扰。在一家保险公司，办事员放弃信件回复不尽如人意的传统做法，改用一系列新的回复方式去处理查询和投诉。在一家医院，由于缺少技术型医护人员，医护人员自己找到了减少编制的方法，把一些不太重要的工作下放给更容易招到的半技术型员工。在高度体制化的岗位上，任职者是不太可能建议按照这种思路去减少人事编制的。原因很简单，人们对岗位说明一清二楚：一旦发现有额外的工作需要去做，现有的资源内部就无法应付。正因如此，员工会强烈要求"增加人手"。如果把重点放在创造弹性岗位上，就会出现一种对比明显的情况。必须发现岗位的新要求、应对新要求，现在已成了一项挑战。人们说"我们能应付。我们不需要再招人"，这种精神只有任职者觉得自己已经善于团队合作的时候才会有。这种情况下，任职者就会希望保留现有的团队，而且可能保守地把外来者当成会破坏当前团队气氛的入侵者。

为岗位增值很难产生经济效益，究其原因，经济效益是按照一定的顺序采取一系列步骤——往往是一次只能往前走一步——的结果。第一步是核心工作之内的任务分配和责任划分必须比以往任何时候都要清晰。这本身就是一个重要的举措，人们通常也会坦然接受和认可。人们想知道的是，他们的责任是什么，权限又是什么。但是，如果任何程序都是自上而下的，就很难让人完全投入。即便是批准他们在某个领域有个人裁量权，让他们摆脱核心角色的桎梏，他们充其量只是愿意接受上级交给的指令。但是，到了第二阶段，新的人际环境会引发截然不同的情绪。突破岗位的边缘、拓展岗位的边界需要有一定的冒险精神才行。人们一旦觉得岗位是自己能够影响和掌控的，就会更有干劲儿。有机会影响岗位的"颜色"，拓展岗位的颜色区域，可以让工作变得更加多维，而不是铁板一块。我们发现，岗位的这种拓展总是会给人带来兴奋感和成就感。

具有讽刺意味的是，这种进步带来的经济效益通常更多地流向了组织，而不是员工。依据岗位评估的传统方法，拓展岗位边界需要支付更高的薪酬。但这种做法偏离了工作角色的理念和基本原理。工作角色理念的宗旨是，每个岗位都有而且应该有发展的机会。总之，拓展岗位边界应该属于任职者的正常行为。可是，尽管拓展岗位边界极大地鼓舞了任职者的士气，管理层的反应有时候却很奇怪。管理层理应是进步的受益者，可往往表现得相当冷漠。一些管理者无法接受的也许是失去了完全的控制权吧。

事实上，改进和创新有两条路。一条是自上而下的传达思路，经最高管理层授权去贯彻执行。但由于外来的思路远离应用环境，所以这条路的合理性和适用性会大打折扣。不管这些思路有什么优点，高层制定的计划很可能会无视下级部门的任何批评。究其原因，那些接受考验的人是高层命令的执行者，而不是仲裁者。这些人可能只负责贯彻执行，但不坐在驾驶座上。或者，即便他们坐在驾驶座上，操控也已经设为自动驾驶模式：预先设定的行驶路线不管是怎样的，都通往使命召唤的地方。

但是，改进和创新还有第二条路：鼓励自下而上的改进。因受到鼓励而提出原创性改进方案的任职者在学校里接受的教育是经世致用的实用主义，而不是空洞的理论。这条路可能有一定局限性，但不是问题。他们的工作岗位和个人身份紧密地联系在一起，所以，他们肩负着成功创新的使命。他们会全身心地投入，确保自己采取的措施获得成功。他们之所以能够这样做，是因为他们坐在了驾驶座上。

在这两条路中，我更相信第二条，因为第二条路是一个过程，符合良性的控制论原理。在从管理者到任职者再到管理者的沟通过程中，每个人都会发挥同样重要而又别具一格的作用，这样的沟通方式有助于形成一个源源不断的沟通循环。从长远来看，与高层强推变革相比，这样的改进与创新过程肯定会结出更丰硕的成果。如果一切都是权力说了算，人们即便第一时间发现了小问题甚至即将来临的灾难，也不会主动上报，而是唯领导之命是从。

第十章

反馈与信息化

在现代社会，岗位刚设置好，就会发生变化。有时候，变化只是围绕着核心工作的边缘在轻微波动。但变化往往具有深远的影响，这样的影响只有接近岗位的人才会清楚。在我们运用工作角色理念做的试点实验中，就出现了这种情况。对任职者来说，我们用颜色作为设置岗位的方式，比现行的岗位说明和规范更浅显易懂。任职者会更清晰地了解自己的职责，了解如何区分个人工作和共同完成的工作。因此，在与管理者进行深入协商之后，岗位可以如愿地以全新的方式进行设置。然后，我们等着看结果到底如何。

我们要了解的是，由于种种原因，一个岗位似乎很少完全按照设置时的方式去执行。通常情况下，任职者比先行设置岗位的管理者更了解岗位的实际情况，而且任职者也有责任向管理者说明实情。有些工作内容可能已经过时，或者处理方式可能与最初设想的不一样。有些工作必须去做，但可能被死板地恪守岗位说明的人忽视了。一种体制可以允许员工去做需要做的事，也可以坚持按照既定的原则行事，但前者要比后者更有效。工作可能无法按计划进行下去，究其原因，有时与工作本身有关，有时与任职者有关。任职者可能不喜欢某些被认为是很重要的工作。有些人工作太忙碌，不愿意去承担自己不喜欢的任务。这可能会引发严重的后果，甚至是灾难性的后果。不过，任职者如果有事业心，会找到解决问题的方法：他们往往会与同事交换任务。倘若有合适的职场文化，员工就会互帮互助。果如此，工作的边界就会发生变化。可到头来，管理者不太清楚到底发生了什么。

如此说来，向管理者提供反馈似乎是必不可少的一步。在有的组织，汇报制度的扁平化等同于管理者面临与任职者隔断联系的风险，这时候，任职者更应该向管理者提供反馈。起初，我们设计的反馈方法既烦琐又耗时。在设置岗位的过程中，我们省去了大量的文字工作，结果在生成需要的反馈时，反而加重了统计的工作量。为了进行补救，我的同事巴里·沃森（Barrie Watson）别出心裁地借用了一个软件程序，在一定程度上减轻了工作量。但到头来，别无选择：我们需要设计专门的软件。我们认为，如果没有合适的软件，我们就没办法实现设置弹性岗位——既能保证基本工作的完成，又能为岗位拓展提供空间——的目标。

这里对软件的需求与团队角色类似。团队角色理念本身是非常实用的，因为团队角色说明的是每个人能用自己独有的方式为工作团体做什么。但团队合作不仅关注团队，还关注工作。一个人给团队带来的价值与他在团队中所做的工作有什么关系？在共同承担任务时，团队成员之间的关系是什么样的？就承担任务的性质来说，团队如何才能取得良好的平衡？

这时候，我们仍需要反馈。没有反馈，团队角色可能会取代现有岗位名称的老一套，又变成模式化的东西。我们的"智选优才"软件最初是在 DOS 系统下操作，后来经过多次改进，最终成为在 Windows 系统中操作的一个成熟系统。依据"智选优才"软件的诸多功能，那些对团队角色具有自知之明的人可以根据他人的反馈来修正自己的观点；同时，他们和管理者都可以精准定位其团队角色画像最适合的工作岗位。

软件给反馈提供了便利，但软件本身需要由人去操控。我们可以理解为什么在大多数岗位上，如果没有支持，反馈就不能充分发挥作用。管理者把岗位交给某个人时，某个人不会说："我觉得这个岗位不能这么干。我觉得岗位最好那样设。"任何人只要想得到一个岗位或保留现有的岗位，都会回答："是的，我觉得这个岗位我能胜任。"同理，如果管理者问："最近工作怎么样？"回答也不会是"我觉得还可以更充分地利用时间。由于种种原因，现在让我做的有些事毫无意义"。回答更可能是"很好"。

个人层面上的反馈之所以失败，究其原因，与相对地位有很大关系。管理者不希望任职者对自己提出挑战或质疑。任职者即便有机会对管理者提出挑战和质疑，也不太可能会去做。但研究发现，第三方顾问的出现让情形发生了变化，改善了沟通的效果。这种变化可以用对双方都有利的术语向双方做出解释。对管理者，我们可以说："系统会告诉你这个岗位应该怎么干。"对任职者，我们可以说："对自己的岗位边界，系统会给你一些控制权，让你在岗位上有机会取得发展。"这两种说法都是正确的，但对双方来说，这两种说法的重要性却不一样。

个人层面上的反馈在很大程度上让整个系统既具有可接受性，又具有可操作性。在试点实验期间，我一直在与两位技术娴熟、经验丰富的培训师密切合作，他们是英国的巴里·沃森和瑞典的托马斯·埃克博姆（Thomas Ekbom）。本着传播这种理念的长期目标，我们并不希望整个系统仅限于自己用。需要培训其他人作为第三方顾问。于是，我们举办了第三方顾问培训班，主要由公司指定人员参加。但如果我们以为自己已经完成了启动新岗位管理系统所需的一切，我们会大失所望。在培训学习的过程中，第三方顾问会碰到两个障碍。第一个障碍事关现行体制的阻挠和反对。组织内有太多的人对保留现有程序有着根深蒂固的兴趣。变革并不总是受欢迎的。第三方顾问以个人身份行事，却发现自己在人际沟通上处于孤立地位，个人也被暴露在外。第二个障碍对第三方顾问的影响更直接一些。在我们的培训班结业时，因为软件当时还没做好，第三方顾问就没能带走合适的软件。也就是说，他们没有便于操作的工具，而这些工具本可以马上提高他们工作的可信度。现在回想起来，我们才意识到，当时过早地开办了第三方顾问的培训班。培训班满足了培训的基本需求，从长远看也会有好处，却没能完全实现我们的愿望。于是，我们只好调整策略。我们必须在新软件上投入更多资金，必须提倡和培养一种催生新进步的信息化文化。要想让反馈在生产制造业和公共服务行业发挥积极作用，就必须加大力度去推广信息反馈的方式。在彻底改变工作方式方面，笔记本电脑具有巨大的潜力。笔记本电脑的存储能力显著提高、联网功能大大增强，以及在普通人群中的逐渐普及，都意味着大量与工作绩效相关的信息可以很快传到任职者的手头上，至少理论上是这样。问题是，能实现吗？

如果能实现，这将是一场真正的革命。现实是，在大型组织中谋生的大多数员工处在等级制度底层微不足道的职位上，获取信息的渠道极其有限。等级制度滋生的官僚体制对信息流动的管控是非常严格的。信息就摆在那里，差不多全都是针对"蓝色"工作的。信息摆在那里不是用来帮助任职者做决定的，而是要告诉员工必须做什么决定。沟通是自上而下的。在这样的体制下，即便有什么额外的信息在传递，那也是"老大"在向广大"蓝军"透露零碎信息。既不存在自下而上的信息反馈过程，也没有横向的信息沟通。其实，这种信息传递方式根本不是真正意义上的沟通体系。这种方式只负责信息向下流动。诚然，也有例外，有时候，组织会重视更广泛的信息传播。但必须承认，这种信息并不涉及"蓝色"工作。事实上，这种信息与任何颜色都没有关系：这种信息只不过是信息噪声。如果信息不关乎信息接收者可能采取的任何行动，那么信息量再大也是无害的，因为这种信息不会对权力构成威胁。总的来说，管理者很少把与员工切身利益相关的信息告诉员工。在等级体制中，地位越低，获取的信息就越少。这种做法无可厚非，因为按照传统做法，普通员工无须去决策。

让我们用任职者代替员工，换位思考一下。结果会发现"蓝色"工作减少了，"黄色"工作和"橙色"工作增加了。任职者现在需要自己做决定，而且要对自己的决定负责。要做出正确的决定，就需要信息。这时候，笔记本电脑就派上用场了。但是，笔记本电脑还没有在生产制造业得到广泛的应用，目前[⊖]主要还局限于独立运转的专业阶层和高管阶层。毫无疑问，那些以处在技术前沿而自豪的公司属于例外。在这样的领域，熟悉电脑的项目负责人和团队负责人很乐于使用他们的行业工具，也很容易找到信息。俗话说，要想知道别人的秘密，你就得把自己的秘密告诉别人。为了交换信息，他们要拿出多少秘密来呢？我们不知道，他们的上级也不知道。但毫无疑问，熟悉电脑的人们彼此间交流的方式从根本上阻碍了他们工作角色的发挥。就其行为而言，他们表现得就好像自己一直在做的是"黄色"工作似的。他们把自己的岗位解读为对项目所要完成的结果负责，所以，为了实现预期的成果，会采取一切必要的行动。

在我们自己推动有效利用团队角色的领域，团队领导使用了我们的"智选优才"软件，目的是一旦某个团队成员离队后需要重新健全团队时，为做到人尽其才，可以从大型公司的数据库中寻找最佳人选来填补空缺。这样的程序既符合公司的人事政策，也可以在

⊖ 指千禧年以前。——译者注

人事政策之外发挥作用。在我的印象中，非官方的程序要比官方的程序更常用。一方面，法律限制使用人事数据，实际上起了阻碍作用。更严重的实际操作问题是，人事政策是在电脑普及前制定的，由高层管理人员负责监督，可这些高层管理人员不但患有电脑恐惧症，而且如果维系等级官僚体制，他们还是既得利益者。

我们现在必须认识到，在当今的大多数大型组织中，有两个阶层在争夺组织的控制权，那就是信息化工作者和他们的对手——等级官僚体制的代表，我们称其为 HB[⊖]。HB 是高层的代言人，掌握着权力的杠杆。如果是正面交锋，HB 可以轻而易举地干掉信息化工作者。但信息化工作者具备很多有利条件。他们操作的系统 HB 根本不懂，而他们自己对 HB 的做法和套路却很清楚。在相互了解方面，一方肯定比另一方占优势。但是，由于双方的工作职能差异太大，所以双方几乎不可能有调和的余地。换句话说，两个阶层可能共存，且通过相互避让来避免发生冲突。与 HB 相比，信息化工作者还有一个决定性的优势，那就是他们还处在上升期，而 HB 可能已经到达影响力顶峰。

在绝大多数组织中，HB 目前还占据着主导地位。信息化工作者既没有信心、也没有必要的授权来提升自己的地位。双方未来的前景如何，取决于组织的文化。但在信息化工作者已经占优势的组织中，他们的竞争力非常强大。信息化公司的典型代表微软之所以把固若金汤的 HB 公司（IBM 公司）从世界上最大公司的位

⊖ HB 是"等级官僚体制"（hierarchical bureaucracy）英文首字母缩写。

置拉下马，原因大抵如此。但这一挫败最终也促成了 IBM 的转型。
信息化大大拓展了发展的空间。但信息化不仅关乎技术问题，还
关乎岗位如何设置、如何执行的问题。同时，信息化也关乎组织
的本质问题。

第十一章

决策与成熟团队

在现代世界中，一个团队如果结构合理、角色均衡，成功的概率就会很大。但是，无论团队的运作如何良好，都无法确保成功。常见的原因在于团队的生存环境。团队可能成熟，但组织未必成熟。组织都是由领导层掌控的。我们在第七章讨论过，领导层可以容忍团队，却不愿意看到团队代替领导层决策。深入分析表明，领导层乐意把任务交给团队，而不是把真正的责任交给团队。就这一点来说，团队还不如委员会。委员会往往委员众多，经常处理一些对参加会议的人来说无关紧要或根本不感兴趣的问题，开起会来也是没完没了，动不动超过了议程规定的和发出邀请时预计的时间，委员会才是真正浪费时间的组织。但具有约束力的重大决定正是委员会做出的。那么，在许多情况下运作如此低效的委员会，在份量和影响力方面为什么比高效的团队更有优势呢?

根据我的经验，原因很简单。参加委员会的都是资历高深人士。他们一露面，就能确保授权顺利实施。其他职位较低的人，即便是受邀参加了委员会，在委员会中也只有举手妥协、唯命是从的份。只有借助与有权有势的人交往而且赞成比他们资历深的人做出的决定，他们才能吃得开。所以，在实践中，委员会中表面上的民主可能是虚假的。职位低的人的票数很少超过那些职位高的人的票数。在实践中，决策的决定性因素是个人的操控力，而不是人数，委员会越大，这一原则就越成立。

如果没有权力掮客，所谓的团队通常是由领导层根据特定目的组建的。领导层通常是高高在上地研究问题；对他人发号施令、指手画脚，让他人去做。但如果某一个高层加入了团队，这个团队就可能不再是团队了。这时候，团队呈现出来的特征便是一个由某个人领导的团体。既然这种影响力对团队的发展前景会产生如此大的负面影响，那么该如何挽回局面呢？

这时候，工作角色便开始发挥作用了。每个担当使命的团队都应该知道交给自己的工作是什么颜色。一般认为，团队要做的工作是"橙色"工作。既然如此，对做出的任何决定，团队成员难道不需要协商、共同担责吗？遗憾的是，这种想法可能只是个幻想。现实情况是，团队成员可能已经达成共识，但共识不等于决定。关于这一点，一个恰当的例子就是一个家庭中夫妻双方的角色分工。丈夫决定国家是否应该拥有核武器，妻子决定孩子们应该上哪所学校。这里，"决定"一词有两种含义。妻子要对择校的决定负责。如果她选择得不好，丈夫可能会怪她。但丈夫真的就是否拥有核武器问题做出过决定吗？如果有人使用或禁止了核武器，他能为此负责吗？

更准确的说法也许是，丈夫只是表达了自己的看法而已。这种看法并不是真正的决定，因为他的看法没有任何产出。因此，我们必须搞清楚，基于意见一致的共识与共同决定是有区别的，这就像一个人的看法与导致一个人采取行动的决定是有区别的一样。由此看来，"黄色"工作和"橙色"工作都是评估结果的标准。颜色可以消除语言使用中产生的歧义。

现在来考虑一下决策问题。表面上看，要做出有效的决策，必须符合三个条件。当然，对"黄色"工作来说，任何决策都由一个人担责。"黄色"和"绿色"让决策过程多了一分社会属性。一个人在做决策之前会征求另一个人的意见。做出决策的责任虽然是个人的事，但改变"黄色"的颜色纯度却有助于让个人做出的决策更有效。决策过程中的这种社会属性在橙色工作中达到峰值，但要想达到峰值，还需要精心挑选团队。但是，提高决策过程中的社会属性并不能提高决策的质量，反而会降低决策的质量。随着参与决策过程的人数增加，就会出现一种既非"黄色"工作亦非"橙色"工作的情况。有几种情况可能会导致做出糟糕的决策，但好的决策却很少有人支持（见图 11 - 1）。

并非所有的团队都涉及决策的问题。为征求意见或交换意见而成立的团队主要做的是"绿色"工作。除非是短平快的工作，"绿色"工作对于需要高效利用人才这一类型的工作很难奏效。遗憾的是，由于语言使用的歧义，一个指定团队往往想当然地认为"绿色"工作就是"橙色"工作。团队成员一旦发现团队在协商后达成的共识没有被视为团队的共同决策，就会对团队不再抱有幻想。

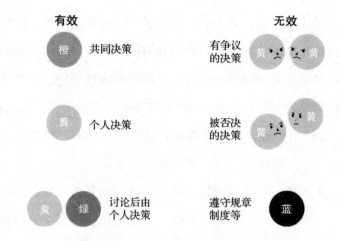

图 11 - 1　决策的类型

三种最行之有效的决策类型可以用大白话来表示。

● 橙色表示"我们思考，我们拍板"。

●黄色表示"我思考，我拍板"。

●黄色和绿色表示"我们讨论，我拍板"。

三种最常见的无效决策可以用下面的大白话来表示。

●双黄色并排表示"我不同意，我觉得我们应该……"。

●黄色凌驾于黄色表示"这么说来，你是怎么履行责任的呢？不，我觉得那样做是不对的，你最好……"。

●蓝色表示"呃，不管顾客说什么，规章制度就是这么要求的"。

拙劣的决策源于拙劣的组织管理实践，或者组织管理实践良好，却违规操作。

© BELBIN ASSOCIATES, 2000

　　组建跨职能团队时，重要的一点是，从一开始就规定好要做的是"绿色"工作还是"橙色"工作。如果要做的是"橙色"工作，就应根据建设优秀团队的原则去组建跨职能团队。这就是说，选择团队成员时不仅要看他们的具体背景，而且要考虑他们在团队中会发挥什么作用。不可否认，在很多情况下，不同部门和背景的人聚在一起交流信息和交换看法是有正当理由的。但这样做不等于说就是组建团队；根据第六章提出的原则，这种有计划的见面还是看成开会为好。这样的会议应该控制时长，也可以摒弃真正意义上的团队合作必备的那种更严格的条条框框。

工作角色告诉我们的是需要做的工作属于什么性质。要掌握核心管理技能，就意味着既要分清任务和责任，又要分清必须完成的个人工作和需要共同完成或沟通的工作。一个称职的员工也应该知道两者的区别，这一点虽不明显，但非常重要。一个人如果不知道管理者的真正意图，就很难做好工作。但如果管理者不能充分表达自己的意图，那么工作要做得令人满意就难上加难了。正是在这种情形下，我们发现了员工是如何快速掌握颜色语言来表达工作角色的。员工之间很乐意讨论工作是"蓝色"还是"黄色"，"绿色"还是"橙色"。员工们最喜欢列举"粉色"工作，很显然，关于"粉色"工作有许多话可说。

一个人如果觉得自己不受"粉色"工作的困扰，如果承担的工作角色与自己喜欢的工作角色以及同事评价高的角色相吻合，就能在工作角色上最有效地发挥作用。换句话说，他/她并不觉得自己的时间被白白浪费了，他/她喜欢自己的工作，其他人也会认为他/她做得很好。这正印证了我们在团队角色方面取得的经验。在《团队角色：在工作中的应用》中，我注意到，那些高效人士，角色画像往往是表里如一的；也就是说，在九个团队角色中，他们的角色画像与他们在同事心目中的角色画像高度吻合。相反，那些得分不高的人呈现出来的是相互排斥的画像，即：自我认知与他人认知是矛盾的。如果人们承担的是自己适合的角色，工作就富有成效，而且被广泛认可。但没有人愿意去做不适合自己的工作或者他们觉得没有成效的工作。这一点也适用于工作角色。员工个人必须清楚，对这七种颜色区域中的每一种颜色所代表的工作类型，自己喜欢到什么程度，自己的这种感觉与别人对他们在这些工作中的表现的看法在多大程度是一致的。这是职场上走向成熟的一条路。

这里有一个很好的例子，告诉我们该如何主动学习使用工作角色语言。一般的经验是，刚踏进职场的新员工往往不清楚岗位的要求。由于没有标准的语言传达信息的含义，所以新员工往往很难领会同事传递给他们的信息。因此，一个人在接受分配给自己的工作时，对各种不懂的东西，可以多去问。"你想让我怎么干？你想让我一直负责这一块，还是就这一次？还有别人参与吗？"通过如此这般的一连串提问，成熟的新员工可以很好地应付天真的管理者的各种要求，而且可以在工作过程中表现得积极主动。然后，对照工作角色理念，就可以弄清楚自己要做的工作究竟属于"蓝色""黄色""绿色"还是"橙色"。当然，更理想的做法是，双方都懂得而且会使用颜色语言，就眼前和未来工作的需求和性质展开沟通。

传递和更改工作角色的最原始方法是管理者直接向任职者分派工作。但如果没有第三方顾问的协助，信息的传递是很难实现的，我们发现，在颠覆传统的信息传递过程、把信息传回给管理者方面，第三方顾问可以发挥重要的作用。通过第三方顾问，管理者可以了解当前岗位的现状，从而摆脱过去对岗位的刻板印象。这样，管理者就可以更放心地加快变革进程，更有效地利用现有资源。

这样的信息传递过程无疑前进了一大步，但仍过分依赖管理者的干预。对改进后的体制的反应可能仍然很慢，如果管理者很忙，则更是如此。但是，团队成员一旦弄懂了工作角色语言，看到了改进后的体制可能带来的好处，就可以根据信息积极主动地采取行动，改进资源配置的方法。换句话说，经过一段时间的学习，成熟的团队成员会更快、更高效地适应不断变化的要求。

团队是否成熟，可以通过三个基本面去衡量。首先是团队的自我认知。在团队角色以及团队成员相互间的期待问题上，团队成员相互间需要高度谅解。其次，成熟的团队还必须了解工作要求的基本分工，而且能够就工作角色问题保持沟通。最后，成熟的团队必须提高内部协调能力，其中，首先要考虑工作角色，然后再考虑团队角色。即便是牺牲团队角色，也必须完成工作。但如果分配工作角色时能够与团队成员各自的团队角色、技能和兴趣相吻合，那么情况就皆大欢喜了。

但严峻的现实是，可能会有一些偏差。现实生活很少与理想世界的宏伟蓝图分毫不差。为了实现利益最大化，任何一个人都可能需要做出牺牲。就像演艺圈的戏必须接着演一样，在职场上，工作也必须接着做。成熟的团队需要随时准备应对危机和突发事件。成熟的团队不会等着经理说"行"或"不行"，而是要根据具体情况采取必要的措施。

成熟团队就像一盏指路明灯，为那些希望通过合适人选之间更紧密合作、克服种种困难、寻求最优决策方案的人士，提供了一个理想的实践范例。理想的实践不能只依靠团队成员，成熟的组织最好在内部去扶持、培养和打造成熟的团队。如果这样的团队很难建立起来，或者还没等团队成熟起来就出现了式微的征兆，那可能说明，诞生成熟团队的历史契机和关键时机还没有到来。

第十二章
管理的悖论

当今时代的管理可以形容为双面神雅努斯⊖——朝相反方向看的两张面孔。从更具前瞻性的角度来看，管理层相信自由市场中的竞争：竞争是健康的，竞争带来进步，竞争符合公众的利益。但管理层的另一张面孔却故意回避竞争：这张面孔在寻求标准化，在殚精竭虑地捍卫自己集权的决策，在扼杀组织内部的竞争；安排工作时，这张面孔在确保公务活动的每一个方面都要服从唯一的权威，每一个层级只能向上一个层级汇报。一个脑袋怎么会长出两张面孔呢？

照理，我们很难既主张集权，又主张分权；既主张专权领导，又主张团队密切合作；既主张个人绩效工资，又主张共享成功的好处。同理，我们不能既支持严格的岗位说明，又支持灵活的岗位；也不能既对资源进行统筹管理，又对责任进行系统拆分和彻底削弱。

⊖ 雅努斯（Janus）是古罗马神话中的门神，头部前后有两张面孔：一张年老，一张年轻。年老的面孔在回顾过去，年轻的面孔在展望未来。——译者注

有一种观点大概能解释所有这些悖论。我认为，组织的效能是朝着一个方向拉动的，但根深蒂固的各种压力却朝着反方向拉。就人类组织的活动来说，与所有群居的哺乳动物有很多共同之处。团体的行为在很大程度上取决于阿尔法雄性[⊖]。阿尔法雄性是种群中最强大的。雄大角鹿在与其他雄鹿的争斗中占优势，赢家会得到雌鹿。对人类来说，赢家得到的是钱。高薪就成了征服者想得到的战利品。

人类没有角，但身材却是人类进行统治的武器。美国的一项研究表明，在企业中，与中层管理人员相比，总裁的平均身高要高、体重要重。身材无疑也影响了美国的历史。最初，分散在美国东海岸的各英国殖民地并没有什么美国觉醒意识。他们把英国视为祖国。在波士顿倾茶事件以及马萨诸塞州的殖民者与英军爆发冲突之后，北方殖民者向南寻找盟友。在深谋远虑的约翰·亚当斯（John Adams）提名身高最高的弗吉尼亚人乔治·华盛顿（George Washington）为美国总统之前，对波士顿人的所作所为和建立美国联邦的想法，弗吉尼亚人是冷眼旁观、持怀疑态度的。后来，华盛顿成为一代英主，其身材也正适合掌权。我经常请到剑桥来的美国客人告诉我星条旗的来历。不管他们做何解释，我都会带他们去圣玛丽小教堂[⊖]，一进教堂向左转，便看到华盛顿家族的徽章，徽章上有星星和条纹，顶

⊖ 阿尔法雄性（Alpha males）为生物学名词，指代生物族群中的统领者。——译者注

⊖ 在剑桥，有两座以圣玛丽命名的教堂，一座是圣玛丽大教堂（Great St. Mary's Church），另一座是圣玛丽小教堂（Little St. Mary's Church）。——译者注

部还有一只鹰。每逢这时，美国客人都会非常惊讶。

不仅大型组织的领导者一言一行像专权型领导，其他人也希望他们大权独揽、乾纲独断。在第三章中，我们讨论了团队心理与团体心理的区别。与小团体相比，如果更多的人聚在一起，统治地位的问题就更加凸显了。人们总是为自己寻找国王、总统或救世主。这种现象如此普遍，不由得让我们提出一个问题：为什么？这是一种文化吗？这是一种代表社会进化的力量，好让最适合当领导的人理所当然地脱颖而出吗？这一现象普遍存在，但要解释其原因，除了简单地解释为遗传基因，恐怕很难找到更令人信服的理由了。这种现象具有一定的连贯性。即便在一个人懵懂的孩童时期，兄弟姐妹之间都会你争我抢。即便在可能非常重视家庭成员和睦相处、很讲规矩的家庭，仍然能看到男性家庭成员之间相互争吵和争斗。到了青春期，温和的攻击通常会转向父母。在年轻人中，这种攻击性开始向外发展。作为一种社会形态，表现为与其他团体的对立。只要能找到敌人，一个勇士阶层就随时准备战斗了。男性到了老年，战备心态虽克制了许多，但内心的强大力量仍指向竞争对手。

在争夺统治权方面，阿尔法雌性表现得不如雄性那么强势。在几乎所有的哺乳动物中，雄性的个头一般比雌性大，所以雄性在身体上占据优势。雌性（比如，母狮）成群捕猎时，体型大小就成了一个相对问题。这时候，阿尔法雌性就成了有效的组织者。阿尔法雌性的主导地位永远不容忽视，因为在没有占据统治地位的雄性的时候，或者占据统治地位的雄性轻而易举地被打败的时候，阿尔法雌性就会站出来。一部讲述一头母象在一家私营野生动物保护区里当主角的电视纪录片便验证了这一点。把这头母象放在一群水牛中间，母象杀死了领头的公水牛后，占据了统领地位，由此便做起了水牛的头领。在历史上，我们偶尔也会看到某位女性（通常是皇室血统）表现得像这头大权独揽的母象，但一般情况下，较量都是男性之间的事。

在人类组织中，如果没有专权型领导，就会形成权力真空，等待有人去填补。权力斗争向来是人类历史上的核心命题。在面临争夺继承权的重大问题时，潜在的对手被鸩杀、刺杀或通过准司法处决的方式遭到铲除。如果撇开历史和政治，去关注企业和公共服务，我们必须时刻牢记这样的历史背景。不过，在这一点上，区别还是有的。历史和政治关注的是权力以及滋生权力的那些因素，而企业和公共服务关注的是效能。企业经营者要向利益相关者（股东、员工，甚至还有客户和供应商）汇报取得的成果。在民主社会中，公共服务的管理者要对选民负责。

现在要问的是，取得统治地位的本能冲动是如何影响创造效能这一首要需求的。这时候，工作角色语言可以帮助我们解答这个问题。所有组织的一个主要特征是它的决策过程。在争夺统治地位的本能争斗中，专权型领导都有两个弱点。第一个弱点是，在就错综复杂的问题做出重大决策时，既没有进行详察，也没有备选预案。就效能而论，预期的工作颜色与工作的风险程度、复杂性这两者具有很强的关联性（见图 12－1）。我和我的同事正是在这个模型的基础上，就如何组织规划一大堆岗位的问题，提出我们的建议。

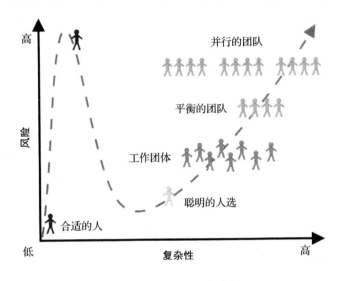

图 12 - 1　风险还是复杂性

　　理想状态下，参加具体工作的人数取决于工作的颜色类别。反过来，工作的颜色又与灾祸的严重性（风险）和具体情况下可变因素的数量（复杂）密切相关。如果对任务该如何执行了如指掌，则应指派一个足以胜任的人。一个人出错的风险可能很高，但这也正说明了必须严格遵守"蓝色"工作的要求。如果涉及的问题更为复杂，制定过于详尽的工作规范就是不明智的，最好的策略是将责任交给适当的聪明人。随着复杂性进一步提高，其他人需要参与进来，因为他们手里可能掌握着重要信息。风险和复杂程度如果不断攀升，最终会导致决策困难，这正是组建团队的关键档口。在费时费力的决策领域，组建几个结构健全的团队，让几个团队独立运作，对降低风险大有好处。这些并行团队拿出来的方案很可能有助于恰当地处理各种棘手问题，从而促成最终决策。这种决策方法与容不得半点儿挑战权威的管理层决策方法形成鲜明对照。

　　尽管如此，专权型领导还是容易做出冲动的决定，根本不理会他人的建议。换句话说，领导的决策是根据"黄色"工作做出的，可实际情况应该属于"橙色"工作的范畴。"橙色"工作是圆桌会议式的工作，在圆桌会议上，理想的状态是，最高层的领导只是团队中的一个成员而已。这种身份的调整需要领导者具备谦恭的品质，那些只想着提升个人地位的人很难培养和表现出这种品质。

专权型领导最常见的第二个弱点是，动不动就否决他人在自己责任范围内履行职责。这时候，"黄色"工作就转移到了另一个管理者身上，从而失去了原有的意义。实际上这等同于专权型领导收回了"黄色"工作，留给那位被剥夺了权利的管理者的工作就没有具体颜色了。与职位较低但责任更明确的人相比，那些在专权型领导身边工作的人为什么经常表现得更优柔寡断、瞻前顾后，原因大抵如此。

关于根深蒂固的等级体制，还有第三个因素值得关注。等级体制如果严重依赖某一位领导个人，就会存在严重的不可预见性。究其原因在于个人的能力差异很大。有些情况下不会有什么问题，凡是运用权力一路披荆斩棘、爬到等级体制巅峰的人都有非凡的才能。通过总揽全局，他们掌握船舵，朝着既定的方向前进。如果是真正的人才，即便是管理模式欠佳，也可以得到弥补。但如果领导能力低下，管理模式的种种缺陷很快就会暴露无遗。最糟糕的情况是，一个能力有限的人占据权力的高位，去监管其他能力超过他的人。在整个人类历史上，行之有效的等级体制的反面就是产生暴君、制造悲剧的那种制度土壤。所以，个人和组织模式，哪个更重要呢？

我们现在必须回到本书的正题上，看一看人类遗传倾向对工作角色会有什么影响。我认为，较大组织的运作模式之所以低效，原因在于各种典型的原始力量。组织运作模式不尽如人意，最终会扭曲工作角色，责任会遭到削弱。人们过度依赖某一个人，而其他人却无法纠正或管控这个人的弱点。

如果像我怀疑的那样遗传的力量一直存在，那么就不要指望组织经过改进取得的任何成果能维持长久。当然，有一种可能性总是存在的，那就是：回归自然的人类组织，即专权领导下的等级体制。在地方层面运作的替代方案无论多么有效、取得多大进步，一个根深蒂固的等级体制都会死守着自己喜欢的运作程序。雅努斯的一张脸会朝一个方向看，另一张脸却始终盯着相反的方向。

关于这一点，我们（使用适当的软件）在为团队角色和工作角色开发动态系统的过程中碰到的两个案例可以提供一些有益的启示。两家大型公共机构给我们提供了旗舰式的范本，足以说明什么样的操作实践是最好的。在其中一个案例中，经过数年不断的进步，一夜之间情形突变。新任首席执行官和新任人力资源主管瞬间回到了他们更熟悉的传统管理模式。在第二个案例中，一个部门最后发现其开创的做法与组织其他部门奉行的做法根本无法兼容。在接下来的拉锯战中，感受到威胁的主流传统做法在整个组织中占了上风。

虽然开拓性的进步遭遇了挫折，但经验表明，并没有全盘皆输。这时候一般会有两种结果。一种结果是人才流失。开拓者跳槽，调到其他单位，去施展自己的技能和经验。进步虽然遭遇羁绊，却起到了助推宣传、扩大变革范围的效果。第二个结果是，已经启动却被打压的做法只能以非官方的方式继续进行。一家公司可能有组织体系，但它同时也是一个社会有机体，而恪守公司价值观的正是这个社会体系。虽然旗舰的旗帜降下来了，但船还是要继续航行。要改变组织的范式，就需要花时间蓄积足够的动能才行。

要改变自上而下的官僚体制是很难的。人类生物学自有一套规矩。但现在标准已经变了。现在需要的是组织运作的效能，所以需要新的人类组织模式来取代等级官僚体制。在下一章中，我会讨论为我们提供未来发展方向的新指导原则和方针。

第十三章

超有机体——工作组织模式

人们在职场上可以发挥的潜力并不等于他们实际付出的努力。人们的工作表现受制于岗位的设置方式。一个岗位可能是其他所有后续工作的起点。现实中，岗位如何设置取决于其他诸多因素，同时反映了市场的需求，或者是基于用人单位性质和理念提供相应服务的需要。在一个关联性强的系统中设置工作岗位时，如果不把不同岗位凝聚成一个动态的整体，整个系统的效能就会大大削弱。

人们以个人或小团体的身份聚在一起工作时，担当的具体角色是通过讨论和协商来解决的。因此，解决岗位问题需要在系统内部进行合理调整。但是，在人员密集、机构繁多的组织中进行岗位设置，那就是另外一回事了。这时候，角色的分配就要在反映群居哺乳动物总体行为方式的框架内进行。换句话说，所有角色都受支配和服从程度的影响。为了争夺对团体的支配地位，竞争者之间为争夺啄食顺序而争奇斗艳，竞争自然会产生赢家和输家。那么，在一个有文化的社会，大规模的组织和个人支配权就滋生出多层级的官僚体制。诚然，这种官僚体制也有毋庸置疑的优点。比如，层级组织可以朝着既定的方向大规模整合并调配精力和资源。

但在现代世界，传统的静态管理体制越来越不合时宜了。要实现更广泛的目标，要让系统内的工作角色更富有成效、给个人带来回报，最美好的希望莫过于对管理范式进行某种创造性的改革。但是，对于任何根本性改革而言，若其目标涉及改变被人类视为正常行为的东西，那么改革显然是艰难的。如果权力腐败，组织成了滋生权斗的土壤，那么改革的前景就不会十分光明。

不过，尽管如此，还是会有一线希望。那些高度体制化的大型组织的领导者如今也越来越多地要为组织的效能负责。无论在公共部门还是在私营部门，首要任务就是利用现有资源去创造更大的价值。在这样的背景下，一个社会环境中的大多数人如果受过良好教育，很可能会直面挑战。直面挑战意味着不但要认识到遗传基因驱动的社会行为方式中那些根深蒂固的不利因素，而且要勇敢地面对这些不利因素，并努力朝着有利的方向前进。随着越来越多的女性开始占据高位，改变了男性阿尔法的竞争环境，所以这种前进的趋势正在加速。改革管理范式的前景比人们想象的要好。

为了瞅一眼未来的样子，我认为我们不妨看一看蚂蚁、蜜蜂、黄蜂和白蚁等群居昆虫。在拙著《组织的未来形式》（*The Coming Shape of Organization*）中，我探讨了群居昆虫最显著的一些行为及其实现机制。昆虫学家们一直认为，群居昆虫成功进化的一个关键是，它们具备像一个多细胞有机体一样行动的能力，简言之，一个昆虫群落是一个超有机体。这就是说，整个机体的特征借助一个权力下放的系统，保持其基本的稳定性，而权力下放的系统关注的是机体各部分既独立运作又相互合作的沟通和互动。这种社群生存机制在我们这个星球上已经进化了很长一段时间，相比之下，人类的进化史真可谓小巫见大巫了。

请牢记，社会生物学家认为，进化可以集中发生在个人、亲族和团体身上。蚂蚁走的似乎是最后一条路，在进化问题上，采取的是互惠利他的策略。如果蚁群的每个成员生来就以有利于其他所有成员的方式做事，那么整个蚁群就会获得巨大的好处。因为工蚁做任何事都是在维护共同的利益（工蚁的首要任务是保护蚁群的食物来源和蚁后），所以工蚁只要接到命令，就会马上做出自我牺牲。如果入侵者发现了通往蚁后寝宫的通道口，有的蚂蚁会用头上的喷枪喷射蚁酸，有的会像炸弹一样自爆，来保卫通道口。为了生存和繁殖，蚁群在不同角色间建立了巧妙的平衡，工蚁的所作所为正是建立在这种平衡之上的，所以通常情况下，每只工蚁所做的贡献都不太显眼。

蚂蚁还学到了共生的好处，在与其他昆虫和植物的共处中互利互惠。植物用花蜜和其他食物引诱蚂蚁，而蚂蚁则充当传粉的角色。鸟类也有类似的角色功能。但对蚂蚁来说，这种共生关系还延伸到了保护。蚂蚁以某些植物的甜汁或花蜜为食，反过来也保护了这些植物免受害虫的侵害。

不同生物之间存在相互合作，这种合作甚至帮助了群居昆虫的组织朝着复杂精密的方向进化。例如，美国科学家运用 DNA 技术，证明了养殖蘑菇的蚂蚁仍在继续发展它们的技能。发表在《科学》杂志上的研究成果表明，虽然蚂蚁一次只能养殖一种蘑菇，但它们已经培育出八种蘑菇。不同种的蚂蚁交流信息，学会培育其他种的蚂蚁喜欢的蘑菇。据知，世界上的蚂蚁至少有 12000 种。蚂蚁不但会养殖、放牧（蚂蚁已经驯养了 3000 种昆虫），而且显然还会协商。总之，蚂蚁是世界上互利共生的头号倡导者。各种双赢关系带来的所有进步和好处，蚂蚁都进行过完善。

膜翅目的总科下约有两万个种，其中包括蜜蜂、黄蜂和蚂蚁。所以，就效能而言，存在巨大的竞争空间。白蚁属于另一个庞大但不相关的科，称为白蚁科。白蚁以其蚁穴建筑的规模大小和复杂程度而著称。例如，在大白蚁属中，一些蚁穴堪称黏土筑成的大教堂，高达六到七米。数百万只工蚁通过精妙分工建造出了这样的蚁穴。在顶复白蚁属中，巨大的地下蚁穴被筑成摞在一起的平面仓穴，这些平面仓穴由螺旋状的垂直通道连接，用作螺旋楼梯。蚂蚁和白蚁的巢穴都具备了只有高一级的目才能具备的温控和通风功能。膜翅目和白蚁目的各种科内部还有许多区别，进而又进化出许多不同的种，每个种又都具备充分适应和利用特定环境的能力。尽管存在差异，但所有这些科之间相似的组织特征，揭示了平行进化所揭示的共同原则。

一般来说，群居昆虫是通过触角接收到的信息来培养其精准能力的。它们对气味、味道、视觉、光线、温度和信息素（影响行为的化学物质）的绝对差异和梯度差异做出反应，并在相较自己的身体而言特别大的大脑中对所有这些信息进行整合加工。专业化阶层的存在进一步提高了群居昆虫承担各种任务的能力。这种劳动分工在不同种之间存在很大差异，但值得注意的是，这种分工是在不会导致僵化的条件下实现的。个体在一生中各个阶段可以改变自己承担的任务。但在这种发展过程中，仍有一定的灵活性，可以根据外部环境加快或放缓改变工作角色的进度。总之，群居昆虫的社会组织复杂度堪比有些蚂蚁能建造的大教堂般的蚁穴。

如果刚才提到的故事只是略微营造了一丝惊奇感，那么我们现在应该把目光转向人类的组织。说到这里，有人不禁要问：人类与群居昆虫这两个截然不同的世界有什么共同点吗？问题是，虽然人类和群居昆虫可能都是沟通高手，但我们却不能彼此自由沟通，原因在于我们生来就会使用大异其趣的语言系统。人类虽然不能共用一种通用语言，却往往把动物"拟人化"，即：把我们自己的诸多品质投射到其他生物身上。英国文学中，这样的经典作品随处可见，从《柳林风声》（*Wind in the Willows*）到拉迪亚德·吉卜林（Rudyard Kipling）的《森林王子》（*Jungle Book*），再到比阿特丽克斯·波特（Beatrix Potter）的《母鸭杰米玛的故事》（*Jemima Puddleduck*），以及她成功创作的其他许多讲述动物故事的作品。这样的作品打动了全世界的读者（让我深受感动的是，许多外国游客跑到湖区参观她的博物馆）。沃特·迪士尼（Walt Disney）创作的米奇和米妮，以及其他许多半人半动物的角色，都斩获了不小的声誉，而且活跃在各大洲游人如织的主题公园里。

　　拟人化倾向甚至应用到了对其他生物更具技术性的评估上。群居昆虫族群中的关键角色叫作女王。说到这里，人们自然会想起《爱丽丝梦游奇境》（*Alice in Wonderland*）中那个高呼"砍掉他们的脑袋"的角色。事实上，我们很难想到昆虫女王与皇室的女王有什么共同点。昆虫女王不行使个人权力，与族群的其他成员相比，需要她去处理的事务更为有限。昆虫女王只是专门负责繁殖后代和分泌一种只有伺候她的昆虫才觉得魅力无穷的液体，除此以外，昆虫女王没有其他的职能。关于她的"女王"头衔会将她置于等级制度顶端的特殊地位的任何说法都是完全错误的。群居昆虫不讲等级制度，而是在一个复杂网络中各个不同层面上劳作。相比之下，人类描写的各种动物的故事，无一例外讲述的都是参与各方力量的较量——正因如此，这些故事才会引人入胜。虽然人类对自然界的认知有这种以自我为中心的倾向，但自然界也许可以教给人类一些东西。我们与其沉溺于这种拟人化，倒不如反其道而行之，来一次昆虫化。换句话说，与其通过人类的眼睛来观察群居昆虫的世界，不如通过群居昆虫的眼睛来观察我们的世界。我们不妨想象一下，人类社会也经历了一百万年的进化。如果只有最适合生存的社会形态能存续下来，我们会是什么样子？对此，根本没有什么经验可以让我们去做判断。蚂蚁和蜜蜂更善于表达自己的观点，因为它们的社会就经历过这样的集体体验。

　　如果看一看公众关心的健康和教育两大问题，去解读人类社会当前面临的困境，我们希望蚂蚁和蜜蜂给我们提出什么建议呢？几乎可以肯定，它们会批评我们的多层级等级体制。它们会说："既然专业人才比部长更懂得这个问题，为什么让部长对专业人才发号施令呢？"对这个问题的回答肯定是：部长负责发放公共资金，所以代表了公共利益。我相信，这样的回答不会让蜜蜂信服，而且蜜蜂还会一针见血地指出，虽然人类有钱，但蜜蜂有蜂蜜。蜂后不掌控蜂蜜的分配。像钱一样的蜂蜜被收集起来，供大家共同使用。蜂蜜是从公共库存中提取的，但在实践中，蜂蜜是以局部为单位，以公正、公平的方式进行分配的。

现在来做一个假设，让我们按照蚂蚁和蜜蜂认为发挥有效作用的方式做事。也就是说，政府的角色是专管收钱（在人类社会中，这可是个技术含量相当高的活儿），然后主持公平分配。在蚂蚁和蜜蜂的世界，沟通方式已经非常成熟；它们希望人类能知道政府收的钱是怎么处理的，而且希望把这样的信息公之于众，让人们都知道。这样的假设并非不合理。既然信息技术已经改变了我们的生活，我们就应该像蚂蚁和蜜蜂一样了解详情。这就是昆虫化给我们的启示。

现在让我们沿着这个思路，去思考如何按照蚂蚁和蜜蜂的建议采取行动。医院和学校会得到一大笔钱，社会也希望医院和学校能把这笔钱用得恰到好处。但实际上这笔钱会怎么用呢？几乎可以肯定，钱的用途是各种各样的。这是优点还是缺点？从很多方面看，这是优点。人们会对以不同方式使用具体资金的结果进行详细比较。这种信息的自由流通会推动进步。如果一个社会发挥压力团体的作用，确保蜂蜜（请原谅，金钱）用到最需要的地方，那么这个社会就能获得更详尽的信息。

但缺点是什么呢？所谓每个人都在得到、也应该得到完全相同服务的谎话就会被戳穿。政客们就不会再说什么只有全面的医疗服务才能确保医疗平等之类的鬼话。就我个人而言，我认为这并不是缺点，因为在我看来，在这个问题上，政客的公开立场是虚假的。由于人口老龄化、先进而又昂贵的医疗技术取得巨大进步，以及许多专业领域的医学知识仍然短缺，根本就没有公平可言。我在医疗领域遇到的大多数高级专业人员也不相信会有公平可言。在我看来，在可预见的将来，不平等现象不会消失。

最好的前景是，只有从专业人员和合适的非专业人员中经过精心挑选组建的团队，才能保证基层社区能把钱花得恰到好处。在教育领域，同样的原则也适用。任何人都会认为，教育能否满足需要，取决于社会的人口、能力、文化志趣、就业前景和教师的技能。最合适的教育方式最好在地方一级予以解释说明。但如果把信息充分告诉公众，公众无疑会希望把其他地方是如何执行的也考虑进来。

我不知道蚂蚁和蜜蜂给我们的建议哪里出了问题。但我担心的是，我们被困在一个等级森严的官僚体制中，所有人都知道这个体制正在衰败，却无法轻易从中脱身。这时候，我们不妨后退一步。与其去关注遥不可及的整套解决方案，倒不如制定初步的原则，去应对规模不断扩大的团体，考虑在团体内部如何去设置岗位。在这个人口持续增长的世界上，这是我们无法长期回避的问题。

第十四章

从团体到超级团体

我一直想说明的是，人类的遗传基因并不具备以大型团体的形式发挥有效作用的能力。这并不奇怪，因为我们需要从人种起源的角度来审视大型团体运转失灵的倾向。我们生存在一个与现在所处系统截然不同的生态系统中。如果从人类的整个遗传史中截去一小段时间，再按一下快退键，我们就会发现，我们距离最原始的根并不远。迄今为止，人类的本性并没有发生太大的变化，只是以前的人口较少而已。小型合作团体会忙于狩猎、采集，有限地种植一些植物。这样的世界会鼓励冒险和探索，在这样的世界中，要想生存下去，就需要分散工作角色，去应对虽然有限却不断扩大的挑战。在这样的环境中，小规模的社会恰恰提供了适当的条件，让人类去创建团队，把那些彼此非常了解而且愿意紧密合作的人组织起来。

但是，小规模的社会能够施展拳脚的余地总是有限的。较大的团体一旦形成，可能会遇到与规模扩张相伴而生的各种困难，但也为人类进步开辟了新的天地。规模给人类社会带来了规模经济，进而为扩大专业化工作角色的运用提供了各种可能。这样的进化方式为建造中国的长城和埃及的金字塔等划时代的建筑奇迹奠定了基础，也为在干旱地区实施灌溉和耕作等大型项目奠定了基础，抛开建筑领域不谈，也为开展大规模军事行动奠定了基础。如果人们沿着一个共同目标走下去，而且认可被当作一个整体来对待，那么人类就有能力取得不朽的成就。

但是，没有特定的社会秩序，这一切是根本不可能实现的。如果聚在一起的人数过多，或者在组建团队时没有经过筛选，那么至关重要的就是需要确保团队具备凝聚力，同时需要重拾小规模社会才会有的人际关系中那种亲近感。这时候，就会在操控力与个人崇拜的基础上，为确立领导地位打开方便之门。无论谁当领导，都会在不受约束的情况下无可争议地去做决定。为了取得重大成果，专权型领导可以有序地授权和调配大量人员。等级社会固有的工作角色都有一个明显特征，即：把"黄色"工作全部集中到一个有权势却极少个人担责的人手里，把大量"绿色"工作分派给近臣和溜须拍马的人，把"蓝色"工作再派给近臣和马屁精的下属。

专权型领导可能是世袭而来的，可能是在权斗中崛起的，也可能是凭借优秀品质坐上领导宝座的，这在很大程度上归功于某些出众的技能，尤其是沟通、说服和人际关系洞察力等方面的技能。但是，正如我们在团队角色理论中证实的那样，在一个大型团体中，一位才华横溢的专权型领导者的各种优点很容易被相伴而生的性格弱点抵消掉。即便是才华横溢的人，身上各方面的品质也并不是同样优秀。在某个层面上表现出来的某种实力往往是以牺牲另一种实力为代价取得的。因此，专权型领导担当的工作角色很可能受个人喜好左右，而不是受对显性需求的认识左右。结果就是，进步和倒退相伴而行。在专权型领导者带领下，团队的形势突然逆转的案例比比皆是，这种案例在历史上更是几乎成了常态。

现在，我们来思考一下人类愚蠢的大问题以及它产生的条件。俗话说，"如果蠢事做大了，也就看不见蠢事了。"这句话很了不起，不过我还要说，这句话可谓一针见血。每次听到这句话，我都想起我们在第三章讨论过的团体思维。一个有权势的人如果掌控一个大型团体，就很容易达成一致意见。小错更容易引起个人的关注，所以很容易被发现和纠正，但大错却被周围环境的不确定性掩盖了。每逢重大事件，了解详情或亲自参与的人并不多。我们的假设是，如果领导者支持，其他人也背书（这一点往往是虚的），那么这个决策必须是正确的。在管控严密的等级体制中，经常会出现大错，但这种大错被发现并予以纠正的可能性微乎其微。即便有人发现了错误，仅仅把错误汇报上去都会影射到领导者身上，让领导者丢脸，进而对现有秩序构成明显的威胁。久而久之，这样的错误就不让公众知情了。

说到这里，我想起了几位时运不济的首席执行官，说到底，他们在任职期间正赶上业务大幅下滑。能否继续留任，通常取决于他们对自己的决策错误能否做出合理解释。如果没能取得预期的结果，他们会争辩说，他们采取的基本方针没有问题，只是需要加大贯彻力度。在军事领域，战争最终演变为灾难的案例比比皆是。如果轰炸没有打败敌人，原因是打出去的炮弹和导弹不够多，或派出去的部队不够多。重大失误很少是由责任人表面上给出的原因造成的，不过更深层次的解释是：总的来说，碰上错综复杂的环境，人类在实际操作过程中无法合理分配各种技能，由此而付出的代价就是重大的决策失误。

视野过于狭隘给领导者的惩罚是，看不清什么问题重要。随着团体的规模越来越大，问题越来越复杂，各种问题堆积成山，根本不是一个人能关照过来的。如果一个团体的规模极度扩大，便会逐渐失去长期生存的能力。一个社会组织要想摆脱日益增加的困难，唯一的办法就是寻求系统性的变革，下放责任，从而减轻名义上领导者的压力。

历史上已经有多条途径可用于解决这个问题。第一条途径是以皇帝或被奉为神的王者太神圣不能参与世俗事务为由，削弱此前位高权重者的权力。日本的天皇就是权力至高无上的领导者的历史见证，因为过度依赖下属，他们的世俗权力遭到了削弱。第二种途径就是君主追求享乐主义，结果引发连锁效应，比如将大部分时间耗在妻妾成群的后宫里，以及规划和建造豪华宫殿上，所以才把政治领导权交给了大臣、宦官和其他人。历史悠久的奥斯曼帝国的一个特点就是奴隶扮演的角色，经过精心教育、挑选和培养，奴隶参与帝国的行政管理。由于不太可能对王朝构成严重威胁，这些奴隶便承担起了重大的职责。削弱专权型领导权力的第三条途径是制度改

革。罗马共和国就是这样的例子。罗马共和国是在伊特鲁里亚文明
的废墟上诞生的，其制度改革采用的是二元制。为了防止先前国王
的暴政，提防敌对的贵族可能夺取绝对权力，职位都是成对设立的。
在这种合议制原则下，便出现了两名执政官（最高行政官）、两名主
管财务的官吏（首席财务官），如此等等。这一体制贯穿整个罗马辉
煌时期的始终，只是随着罗马帝国的发展和扩张而逐渐消亡。（在现
代生产制造企业中，与这种二元制非常相似的是董事长和首席执行
官之间或两个协同管理的董事之间的权力划分。）英国也在骑士（君
主制主义者）和圆颅党（议会议员）之间爆发内战之后抓住了改革
的契机，限制了君主个人的权力。权力从君主转移给了议会的长老
院（也就是所谓的"贵族院"）和众议院，引发了行使国家职能的
思维模式的转变，甚至最后恢复了国王的王位之后，这种转变仍没
有停止。后来，君主基本上成了有名无实的领袖。

　　上述案例都找到了对通常由一个人承担的职责进行再分配的方
法。随着"贵族院"不断承担起"橙色"工作，"黄色"工作的这
种再分配使帝国的寿命超过了任何一个人的寿命，进而为构建稳定
的社会奠定了更广泛的基础。

　　规模的扩大存在一定的连续性；规模扩大到更高的层次后，就
会产生种种压力，进而影响整体的稳定性。团体的规模如果逐步扩
大到一定的阶段，再作为一个由志同道合的人组成的大型集体听命
于某一个人，就无法再有效发挥作用。规模最终会产生一个新的格

式塔形态[⊖]，将团体的形象抽象化，允许其成员通过仪式（通常借助某种形式的神话）共享集体的形象。这可以让一个国家容纳原本没有什么共性的，种族、语言和宗教传统均大异其趣的民族。一个国家赖以存在的现实是如何通过教育、司法、卫生、武装部队等组织机构满足国家的总体需要。这些组织机构都有具体的工作角色，而这些角色则以团体的形式去履行职责。

如果派生出工作角色的机构规模太大、层级太多，就无法由某一个人有效地去领导。庞大团体如果只按照大型团体的模式去运作，便会承受巨大的压力。但许多庞大团体都是这么运作的，于是变得机构臃肿、官僚成风，扼杀了成员的主动性。究其原因，工作角色是通过与掌权者关系密切的特权人士内部廷议后，以个人名义分配的。其中有些人理应承担"黄色"工作，却被分派去做"绿色"工作。一个人只有亲近"大老板"，才会得偿所愿。

庞大团体要保持活力，就需要分散职责。果如此，许多"黄色"工作就不是交给一个人，而是交给一个机构。一个庞大团体在向超级团体转变的过程中，如果对功能进行再分配，便会产生一种新的活力。这里，我们不妨拿超级团体与一个鲜活有机体进行比较。人体器官由于具备自主调节功能，所以可以延长人体的寿命。同理，

⊖ 格式塔（gestalt）：心理学理论之一，强调经验和行为的整体性，认为整体不等于并且大于部分之和，主张以整体的动力结构观来研究心理现象。

在政治语境中，领导人的死亡可能危及整个有机体的存续，但如果能通过制度提供保护，防止领导人死亡后可能发生的骚乱，政治实体便可以长久存续下去。历史已经证明，在危机时刻，一个有影响力的神职人员出手干预，是有可能确保道德权威的延续及其顺利更迭的。在政治组织中，与这种优点相悖的是，权力的分散会付出代价。在超级团体的各独立机体中，权力和权威可能会无情地发展壮大，直至导致超级团体丧失活力，于是，超级团体又回归到庞大团体特有的僵化状态。例如，社会的信仰体系如果置于神龛中，让神职人员看管起来，就可能永远毋庸置疑地留在神龛里。责任感关注的是内部，而不是外部。权力的这个新来源，如果不再受外部的约束，可能会造成悲剧性的后果。中美洲的阿兹特克人在危机时刻不是用其他方法来解决社会的苦难，而是通过增加活人献祭的次数去安抚愤怒的神灵。在当代，避孕虽然可以解决人口过剩的问题，但在许多地方却以制度化的信仰为由，遭到了普遍的反对。庞大团体的每个独立机体中都有一种根深蒂固的保守倾向，阻碍庞大团体向超级团体转变的正是这种保守倾向。

即便是教育也摆脱不了这条规律。在局外人眼里，教育的重要贡献在于，它可以培育良民，促进就业，提供科学、创业和商业技能，确保社会自身的持续繁荣。但教育系统本身未必会这么看。与更高大上的目标相比，教育系统自身最要紧的事才是更重要的。学习、知识和学历仍然是教育首要的——有时候还是唯一的——优选项。教育系统投放到劳动力市场上的、虽然受过教育但态度和技能又不足以满足社会需求的人可能供过于求，而那些有能力满足社会总需求的人可能又供不应求，但这些都不是教育系统关心的问题。作为社会的另一个机体，法律系统同样喜欢自行其是。法律是解决争端和让人们相信公平正义的基础，这是值得称赞的。但是，人们又普遍认为法律是一头犟驴。换句话说，法律系统根据自己的规则和判例行事，根本不考虑公众认为什么才是合理的。同理，警察局可能只管抓罪犯，而监狱只管牢牢地把罪犯关起来，至于培养更多守法公民等更高大上的目标，则不是它们关心的问题。

庞大团体当然可以通过成立职能部门来提高效能，这些职能部门可以朝着超级团体的方向为整个有机体服务。组织层面的这种改进固然重要，但并不等于就能发挥群居昆虫世界中超级有机体发挥的作用。各动态职能部门要相互沟通、相互合作，才能把一个真正的超有机体凝聚在一起，建立独立于外部干预的系统稳定性。

在这个充满竞争的人类世界，真正的超有机体可能很难实现。不过，超有机体的过渡形态还是有可能实现的。超级团体可以在基层运作层面进行团队合作，重视动态的沟通与合作，最大限度地推动成员之间的信息流动。等级体制可以借助团队合作实现有序的战略目标，但不能以此扩大自己的权力去掌控别人。一个团队可以发展成为一个成熟的团队，同理，一个超级团体也可以通过完善自己的内部运作方式，向超有机体的运作方式靠拢。

第十五章

朝着正确的方向前进

我见过的大型组织很少表现得像超级团体，但我要提到的一个私有企业就是这样的超级团体，那就是位于英国德比（Derby）的丰田汽车制造公司（英国）有限公司。丰田的经营理念是：努力打造成一个让所有员工都能充分发挥自身潜力的组织。团队合作是丰田经营理念的基本要素，丰田认为，一个协调良好的团队可以取得远远超过个人努力成果的总和。

话经常是随便说的，与实际情况很少能对得上号。但就丰田而言，理念和经营实践是紧密结合的。例如，据我所知，丰田是能够厘清团队和团体区别的少数几个公司之一。区分团队和团体的基础是规模。一个团队一般不会超过五个成员。团队负责人应该与团队紧密合作，当团队成员遇到问题时会提供帮助，而且团队成员都将负责人视为兄弟。四个团队负责人向一名团体领导者汇报，那么这个团体领导者就平均负责 25 个人[⊖]，主要负责纪律问题和计划安排，所以这样的团体领导者被当成团体之父。一个高级团体领导者负责人员调配，而经理这个称谓则用来称呼那些更宽泛的角色。针对薪资的分配问题，工程师、专家和行政人员分门别类地隶属于宽带体系中的每个级别。这样的薪资分配体系可以让（比方说）工程师在不同的工程部门之间随意流动，而不会在组织隶属上或工资待遇上遇到任何障碍。由于没有岗位规范或岗位评估体系，人员调配就更加灵活。虽然这种体系的一个缺点是缺少岗位规范，但其代价是很小的，正因为没有岗位规范的约束，才使得人员调配灵活机动，为此付出的代价是值得的。管理层和中层在解决团队的组成和发展问题时，运用团队角色以及与之相关的"智选优才"系统，就是在强调灵活性。

团队成员都在积极地为岗位增值做贡献。日本主流哲学中有三个概念。第一个是"改进"，直译为"永远改变"，或者意译为"强调持续改进"。第二个是从七个经营观中提炼出来的"浪费"。正如在大规模生产企业看到的那样，丰田的"浪费"关注的主要是物理浪费，从这种意义上说，"浪费"关注的是人工时间。在这方面，员工的参与的确在消除浪费方面发挥了重要作用。第三个值得关注的概念是"自动化"，主要是指"人性化的自动化"，即把人力延伸到

⊖ 贝尔宾博士关于团队规模与效率的研究结果是 4~6 人规模的团队是最高效的。这里的 25 个人指的是丰田的团队规模，成员不超过 5 人，这5 个人不包括团队负责人。——译者注

自动化生产线的实际操作过程中去。其中一个应用实例是"暗灯"，即允许生产线上的团队成员发出故障信号。看到团队成员发出的故障信号，团队负责人就需要提供帮助。如果团队负责人未能在规定时间内解决生产线上的问题，生产线就停止作业。因此，每个团队成员都得到了很大程度的信任。

有人对我说，丰田公司在世界各地都给人同样的感受，那就是：文化无处不在。与那些公司文化在很大程度上取决于当时谁是老板的企业对比，我发现，专权者领导下的等级制度及其相应的官僚程序，与得益于体制有机性并因此充满活力的公司相比，两者之间的差距就在于此。

如果流程完全取代了体制，人员可以在团队之间流动，进而从更广泛的角度为团队做贡献，组织就会因其有机性变得充满活力。如果有促成这种变化的社会有机体，这种变化也会发生。这么说似乎有些奇怪，但我认为，与禁锢在等级森严的企业岗位上的大多数员工相比，群居昆虫享有更多的职业发展机会和更多的自由。究其原因，工作角色是强加给员工的，而群居昆虫一直在与工作环境互动。

如果我们看一看公共部门，很难找出一个机构像超级团体一样运作。这并不是说我们找不出管理有方的医院、学校、理事会和公共事业部门。出现这样的问题，是这些机构对责任缺乏有效管控、责任体系混乱所致。中央政府之所以进行干预，目的就是规范具体的责任，但中央政府更喜欢对自己负责，而不是对这些服务的地方受益者负责。因此，必须按照一系列混合责任去设置岗位，其中一部分责任在组织内部，一部分在组织外部。

　　总的来说，我们更乐意认可这样的观点：地方团队做出的地方决策才会更好地服务于人类社会，究其原因，进化已经按照规模大小对人类进行了分组，人类只有按照规模进行分组，才能发挥作用。需要注意的是，这些团队必须像体育团队挑选队员一样精心挑选团队成员。一个规模有限的团队要想高效运作，就必须由最好的团队成员组成（用昆虫的话来说，就是合适的级[⊖]成员）。组建健全团队的能力是管理者应具备的首要技能。如果我们要重塑社会，还需要重塑人力资源管理者的角色，在信息技术时代，人力资源管理者必须有能力去处理比以往任何时候都广泛得多的数据库。这样的管理者不在其技能之外行使权力，也不应该比其他主要成员的地位更高。这样，身为管理人才的专业人员，才能以自己的特殊方式做出重要贡献。但是，这些技能如果能够传递给团队本身，将会产生更加积极的结果。这样做的好处是，团队成员将能够重振自己所在团队的活力。群居昆虫就是这么做的。昆虫不需要其他昆虫的管理；昆虫对从其他昆虫那里获得的感官线索做出反应，并调整自己的行为。互惠共生和平级责任感的概念，最适合用来说明昆虫如何应对环境不断变化所带来的威胁和机遇。

　　大型官僚机构推崇的运行程序在很大程度上会压制横向问责。

　　⊖ 级（caste）：昆虫学中指某些群居昆虫中因体格不同而群栖功能亦不同的个体。

由此判断，依据个人绩效制定薪资的旧等级体制就成了增强凝聚力的障碍，加剧了权力阶层的隔阂。员工经常被捆在自己的岗位上，因为职场人际关系太复杂，员工根本无法拓展自己的工作空间，也不可能通过岗位流动来获取经验。因此，无论员工被安排在什么岗位上，就只能待在那里，久而久之，组织就逐渐变得死气沉沉了。

现在工作角色路线图在技术上已经成熟，可以帮助我们去理解大型组织实际运作的普遍性模式。无论组织怎样宣传自己的文化形象，但现实往往与宣传大相径庭，至少是杂乱无章。但总的来说，等级体制是普遍存在的。在私营单位，一位老板有权否决另一位老板，沿着权力等级往下走，色谱会发生变化，纯"黄色"变成了纯"蓝色"。在公共部门，色谱则呈现不同的色相。"绿色"工作和"蓝色"工作比比皆是；"绿色"工作表现为没完没了的讨论，"蓝色"工作表现为形形色色的规章制度。"黄色"工作和"橙色"工作很少呈现最理想的形态，究其原因，决策受制于"制衡"观念。做出的决定要提交给等级体制中的其他某个层级，或者送交给某个官员与选举产生的某个成员。就这样，做出的决定在一个抵制干预的复杂过程中来回踢皮球。形形色色的申诉体制又进一步耽搁和动摇了决策过程。在一些国家，为了所谓的公平正义，法律上的申诉甚至耗时十多年，而在此过程中，申诉人仍关在死囚牢里。一般来说，申诉会剥夺决策者的权力，会让人觉得其他地方会做出更好的决定，进而会造成严重的拖延，在规划和建设领域尤其如此，这种拖延给重大项目造成严重的社会影响。

　　人类的超大团体能发展成为超级团体吗？这是个大问题。就独立的个案来看，答案显然是"能"，但我们不禁要问：如果不彻底改变社会观念，能推动更普遍意义上的变革吗？作为一个物种，人类必须认识到，自己是有缺点的，这些缺点不是可包容的弱点。人类必须谦恭地认识到，自己可以向其他生物学习。正因如此，我在第十三章中才对超有机体给予了高度关注。超有机体可能仍然是我们无法马上实现的模式。但深入理解超有机体，可以帮助我们重新评估自己的工作方式，朝着超级团体的过渡阶段迈进。

　　总而言之，真正的超有机体并没有以个人专权为基础的指挥和控制系统。就群居昆虫而言，超有机体是通过有效地整合利用信息来发挥作用的，而这些信息是可以在具备专业技能的流动劳动者团体中自由流通的。信息的使用方式使适当的专业技能可以用在对整个团体利益最有效的领域。这并不是说所有群居昆虫都能发挥同等重要的作用。有时候，一只昆虫会对决策产生极其重要的影响。以一只负责侦察的黄蜂为例。如果这只黄蜂发现了可以构筑新巢的绝佳位置，就会通过兴奋的舞蹈，把这条信息传递给蜂群。这只黄蜂实际上就是在决定蜂群的搬迁问题。对一个大型人类组织来说，搬迁地址也可能是一个重大问题。这样的决定是不会通过民意调查做出来的，而是由一个人、充其量是由一个小型战略团队做出的。在这一点上，人类并不比昆虫高明。具体的昆虫被赋予了做具体事的权力。更重要的区别在于，侦察黄蜂的决策权并不是一概而论的。只有在特定的语境下，侦察黄蜂才能发挥这么大的作用。群居昆虫的权力结构和人类的权力结构之间，区别就在于此。人一旦得到了权力，就会稳固和扩大自己手中的权力。群居昆虫则不然。

通过整合运用信息反馈来提高我们对一个人能为岗位做什么贡献（团队角色）以及在实际工作中这个人表现如何（他们的工作角色）的认识，只是近年来的事。借助先进的技术实现这一步，意味着人们可以像昆虫一样运用自己的感官为一个共同目标输入和传递信息。计算机可以存储、筛选和检索人们的详细信息，而且可以就如何以最佳方式调配人员提出建议。技术革命至少可以保证让我们拥有与群居昆虫一样的感官资源。因此，我们可以把超有机体当成一个模型，从中可以学到很多东西。由于遗传原因，真正意义上的超有机体形态在很大程度上仍然是人类无法企及的。但是，对庞大团体来说，以人类特有的方式努力成为超级团体，朝着超有机体的方向前进，还是可以实现的。

那么，我们可以从中学到什么经验呢？理想的应用领域似乎在公共部门，因为公共部门缺乏明显的指挥和控制体系，致使权力分散到常任官员和民选代表手中。这是我们已经习以为常的民主模式。但缺点是，这种民主模式既缺少专权领导下团体的职能透明度，又缺少超级团体的那种相互扶植与合作。民主的这种竞争性选举本质由于是建立在团体而非个人基础之上，所以助长了各种关系的对抗。在这里，有人可能会说，公共部门的最佳前景是通过营造和培育一级一级的地方授权，朝着超级团体的方向发展。地方授权要想在工作形式上取得成功，就必须避免被无所不能的中枢机构去权的风险，同样也要避免地方各自为政的风险：地方各自为政只会导致超级团体四分五裂。子系统协同起来，才能让整个系统更加强大：整个系统要想保持稳定，唯一的办法就是让子系统相互沟通和合作。因此，从地方选出来的、已知的个人需要在团体之间流动，以免子团体的工作只考虑自身的利益。如果我们把团体重组为团队，而且通过适当的成员调入和调出来完善团队结构，这种横向的岗位流动就是最行之有效的。

如果有人问，有多少公共部门或私营组织实现了这种横向岗位流动，答案肯定是少得可怜。人类的遗传基因决定了人类不具备建成超有机体的特质。所以，人类朝着超有机体方向发展的道路注定是艰难且又缓慢的。不过，也有乐观的一面。改变大型团体固有的运作模式仍然是可行的。通过教育和培训，人类确实可以朝着既定的方向改变自然行为。一个高度发达的社会有能力去规划和推行超越历史先例的行为模式。当然，要想改变过去失败的行为模式，压力会比以往任何时候都大。变革的目标对象就是笨拙的公共官僚机构和未能发挥潜力的大型产业集团。时代的大气候给变革提供了有利条件。即便是在混乱中求发展，也比停滞要好。过去占优势的人类组织形态虽然曾经在人类社会的发展中发挥过重要作用，但现在已经失去了竞争优势。许多高科技公司雇用才华横溢的人，把他们从特大型组织习以为常的桎梏中解放出来，确保在工作中能人尽其才。

这种灵活的方法在实践中会产生怎样的效果呢？职业发展和个

人岗位轮换可以让一个人展示出自己的技能，进而获得周围同事认可。这样的信息可以存储到计算机，而且可以轻松地检索到，不是像通常担心的那样被"老大"存储和检索到，而是由渴望提高绩效的团队存储和检索到。在公共事务方面，地方政府的事业是有望蓬勃发展的，但现在，在中央政府的重压之下，地方政府处于柔弱不堪的状态。地方选举的投票率很低。值得注意的是，地方选举投票率的高低通常更多地取决于中央政府领导人的形象，而不是地方代表的能力。人们普遍认为，自己更了解全国性的大人物，反而不了解自己社区里的那些大人物。实际情况也大抵如此。要想从根本上改变地方政府内部的各种关系以及地方政府与广大民众的关系，就必须下放职权。

先改变哪一个？我们应该着手去改变岗位设置的方式，还是应该改变组织的性质呢？我毫不怀疑哪条路线更有利。团体的规模越大，运作程序就越保守。但岗位设置的方式明摆着是可以改变的：首先，应该扶植培养团队，而不是团体；其次，就开会而言，把大会变成小会。这样一来，很多事情就可以放手去做了。为最终改变组织形态奠定基础的正是这种工作角色的渐进式变化。

第十六章
蛇与梯

改善与岗位有关的沟通为进步开辟了道路，私营和公共经济部门都能从中受益。工作角色语言既复杂又准确：任职者更加了解组织对自己的要求，管理者更加了解工作的实际进展。但好处并不局限于改善沟通。信息的快速互通不仅能提高岗位的产出，而且为安排工作的最佳方式提供了具有普遍意义的经验。

如果能找到一种更好的方法来解决岗位问题，会进一步提高组织的效率。但这种策略仍然面临受排斥的危险，因为经验表明，由于人类社会结构复杂，任何工作一旦启动，都会波及既定范围之外。每一项革新都会对其所在的生态系统产生一定的影响。要么生态系统改变以适应革新，要么原有系统排斥那些不能消化的东西，于是整个系统重建其稳定性。

因此，这里有一个选择的问题。我们应该着手掌握新范式，把设置和开发岗位过程中的合作关系理念与职业发展、人员评估、岗位拓展和奖励制度的不同方法结合起来吗？还是最好从在局部选择一个非常温和的目标开始，起码暂时接受现状呢？理想的做法是选择第一种策略。现实是，在有限时间内，大规模的变革很难行得通。唯一正确的选择是按照既定方向小步前进，这就是说，随着变革扎实推进，要勇敢面对反弹可能带来的后果。

第二种策略虽然目标要温和一些，但仍会面临种种阻碍和强烈反对。现在来思考一下本书的中心命题——一个用来厘清对岗位都感兴趣的各方如何进行沟通的系统。由于人们缺少共同的第一语言，或者口头沟通方式阻碍了理解，基于颜色的工作角色语言就可专门用来弥合由此造成的差距。工作角色语言让徒劳无益的工作浮出水面，然后予以删除，进而推动了改进可以改进的工作内容。畅通的信息沟通系统对各种突发情况更加敏感，因此取代了自上而下的信息沟通系统。为岗位增值会带来很多优点，这些优点叠加起来就像梯子一样。这架通往进步的阶梯为事半功倍提供了可靠的途径。这是个好消息。但是，坏消息也同时存在。现实似乎是，每当进步的梯子竖起来时，在高草丛中就藏着一条蛇——这巧合了众所周知的蛇梯棋盘游戏的玩法。攀爬阶梯固然重要，但避开蛇同样重要（见图 16－1）。

很难想象这里面会有问题。如果一个人的产出比别人多，可能是他从其他人的实际职责或潜在职责中剥夺了等量的工作，但这样做很容易出力不讨好。因此，在零和游戏中，整体产出是不会变的。人们会说："得嘞！如果一个人把所有的活儿都干了，而且还干得不错，那我们就可以休息喽。"这就是蛇。这条蛇很不显眼，人们也很

领导退休，团体
退回到原点

汲取经验和教训，
重新攀登

团队合作的发展会损害整套
岗位评估方案，危及官僚体制

任命成熟的领导
管理成熟的团体

管理层感觉权力被
剥夺：进步放缓

采取措施，发展
成熟的组织文化

用胸怀抱负之人
组建成熟团队

置身事外的人贡
献少，甚至抵制

提高沟通技能，
做出更大贡献

增加岗位透明度

图 16-1　蛇与梯

　　改革岗位设置和管理方式是组织的核心任务。一个系统不仅仅是系统各部分的总和。如果一个部分发生了变化，整个系统都会做出反应，以保持原来的状态。进步的道路上既有前进也有倒退。如果从一开始就把系统作为一个整体来运作，进步会更快。

少去招惹它。但这种潜在的危险说明，在梯子上每往上爬一蹬，接下来一蹬就可能导致一下子滑到底。这样一来，除了小圈子里的人，根本没有人知道在某个业务领域取得了哪怕是暂时的成绩。

　　但是，这个问题已经有了明确的解决方案。要想巩固已取得的成绩，就必须采取进一步措施。大家必须认识到，任何岗位都不是孤立存在的。要想让产品或服务的整体产出有收获，与之相关的岗位必须作为一个团体来对待。这种通盘考虑的方法要与流程再造——目前公认的实现岗位增值的有效手段——结合起来使用。之所以存在这样的机会，是因为在变化不定的世界中，岗位都有一种保持稳定的惯性，即：除非有人进行干预，否则岗位会一步步走向被淘汰。即便如此，很多流程再造还是不尽如人意。经验表明，进步的阶梯本身就受到蛇的危害。人们不愿意看到自己的岗位被别人动手动脚；人们猜忌地守护着自己熟悉的东西；人们紧盯着自己熟悉的领地，以免别人闯入。幸运的是，关于这一点，也有现成的解决方案。如果不考虑那些被重新安置的员工的团队角色和那些要与之共事的同事的团队角色，流程再造就很难发挥应有的作用。工作角色理念为有效的人事调配增加了一个新坐标，从而保证了个人和团队的工作能够满足外部世界不断变化的需要。同样，要想沿着梯子往上攀爬，就需要把团队角色和工作角色整合在一起。但是，这是一个复杂的过程，要想让这一过程结出预期硕果，需要进行大量的学习培训。

现在我们已经在增值的梯子上爬了两个梯蹬，但仍不敢保证在这一蹬上站稳。要想巩固已经取得的成绩，还需再往上爬一蹬。成熟的团队需要授权。"授权"这一概念已经得到广泛的论证和支持。但是，就像人们喜欢聊的话题经常变换一样，"授权"既可以迅速成为人们关注的焦点，也可以迅速从公众视野中消失。潜伏在这一级较高的梯蹬上的这条蛇不是惰性，而是管理层不愿意授权。一个成熟的团队不可能授权给自己。授权的主体必须是管理层；如果要授权给他人，管理层本身必须屈尊于某种形式的去权。如果管理层顽固地执行受等级体制普遍认可的、自上而下的那套人事制度，这一大障碍就更难跨越了。高层管理者如果已经按照人事制度就此类投入所需经费问题提出了建议，就不可能收回。如果收回自己的建议，就等于承认："我浪费了公司的钱。"所以，一条大蛇藏在那里等着吞掉攀爬梯子的人。

假设我们哄这条蛇入睡，现在站在梯子的高处暂时就是安全的。成熟的团队就会茁壮成长，而且由成熟的人员组成。这样的人需要职业发展，也有权希望自己的职业有所发展。但职业发展并不等同于正式的岗位评估。如果我们为了让一个人积累经验，将他不停地调换工作岗位，情况就会变得复杂起来。这个人的薪资应该怎么算？不管他在什么岗位上，这个人的薪资是否体现了他的水平？或者，员工是根据从事的岗位来领取薪资的吗？如果是后一种情况，收入会随着员工从一个岗位调到另一个岗位而波动。但如果某个岗位对员工的要求比较低，那么收入就会减少。如此一来，在岗位评估的基础上制定的、原本有条不紊的薪资管理制度就被支持职业发展、鼓励岗位灵活性的政策打乱。这时候，岗位评估的捍卫者会立马警觉起来，蛇也从睡梦中被唤醒了。

如果能跨越所有的障碍，有效的授权就可以沿着梯子向上爬几蹬。虽然已经到了一个高位，但立足点还是不稳固。伴随着成功，进入企业的人数也会相应地增加，团队和团体开始搅在一起。一旦团体发展成为庞大团体，团队被吞掉的可能性就会增大，授权也就越发难以为继。但这不是不能解决的。高明的管理者会培育一种重视团队精神的团队合作文化。这样，员工就会具备团队和团体双重身份，也会心怀团队精神，而这正是领导有方的团体所特有的。与此同时，员工还会沉浸在团队文化所允许的个人认同感之中。在这种情况下，大型团体就不会在战略上迷失方向，因为其战略领导艺术中体现了团队合作。这样的庞大团体就是在朝着超级团体的方向前进。这时候，如果领导者不具备应有的素质和技能，就不可能促成这种变化。在超级团体中，领导者不掌控决策本身，而是掌控决策的过程。这种克制与包容需要很强大的人格品质。幸运的是，这样的管理者虽然为数不多，但还是能找到的。正因如此，针对管理者的教育培训才如此重要。

现在，我们已经爬上了增值阶梯的高位。有限的授权将落地生根。不论什么时候到达这个位置，员工显然会在各自岗位上做出更多的贡献。但是，巩固成果也是一个问题。谁都不敢保证超级团体会长盛不衰，因为超级团体能否存续取决于管理者的领导水平。无论是管理者死亡、退休，还是被人赶下台，都意味着一切均可能发生变化。如果我们把超级团体的概念顺理成章地应用到管理国家上，那么团体能否存续就可类比为一个国家能否存续的问题了。

随着团体规模的扩大，大团体中的成员会逐渐觉得自己变成了无名之辈，一旦产生了这种籍籍无名的感觉，人们便会呼唤某个能够向团体表达亲近感的英雄或救世主。但由于这种亲疏关系根本不是人与人之间的私人关系，所以关系会变得更加疏远。新"老大"本人会渴望比其他管理者更强大，而且渴望自己在人们眼中比其他管理者更强大。我说过，这种难解心结的心理根源——影响全人类的超级蛇——是与生俱来的，因此普遍存在。团队很快就会被毁掉，至少团队的权力会遭到削弱。新"老大"实际上在说："我是老大，我来决策。"这样的人基本上不会说："我相信你更适合做决策。所以，我把这个责任交给你。"

随着团体不断发展壮大，出现专权领导者的压力也越来越大。不同的朝代以及朝代的更迭一直是人们关注的焦点，支配着人们的行为方式。历史上，领导专权一直占主流。历朝历代的国王、皇帝、总裁或首席执行官都喜欢给自己主政的时期打上个人的烙印。因此，我们随口就能说出好领导的继任者就是坏领导，中央集权主义领导后面紧跟着主张权力下放的领导，亲力亲为的领导后面就是那些乐得退出、把责任留给副职的领导。谁也不知道权力更迭之后会发生什么。新"老大"可能会一笔抹掉前任已经取得的所有成绩，采取一种与以往格格不入的管理方式。构筑伟大的文明或产业公司可能要耗时很久，但要毁掉它，只需要一眨眼的工夫。

尽管形象包装者们使出了浑身解数，但由于庞大团体的规模太大，一个人根本无法进行有效的控制，那么，有没有办法解决庞大团体的管理问题呢？在一个动荡的世界里，如何才能稳住已取得的成果呢？大自然教给我们的经验是，对庞大团体来说，最好的前景莫过于把自己打造成整体稳健的超级团体。就像在团队中一样，能力和个性的多样性为团队增添了活力；在超级团体中，各团体的相互制衡也保证了团体的连续性和健康。将超级团体凝聚在一起的是职能和制度的协调运作，以及促进团结、提升某种共同理想、传统或历史经验的抽象理念。

国家可以为超级团体提供范例：若国家太大，无法让所有的公民都集聚在一个地方，但可以根据种族、语言和宗教组成不同的民族。但国家的制度可以作为一个整体运作，不受统治者各种奇思异想的影响。瑞士就是这样一个例子。（俗话说："有人知道瑞士总理的名字吗？"最早说这话的人可能有嘲讽的意思，但我觉得，这是句恭维话。）瑞士有三个大语种和一个小语种，同时还有两种历史上对立的宗教，各政党通常也混杂在一起。但瑞士仍保留了自己的特色，以社会稳定著称。与任何中央政府相比，瑞士的中央政府在国民收入中提取的份额最小，瑞士也是世界上政府职能集中程度最低的国家。权力下放增添了活力，因为小团体和小团队可以更充分地挖掘潜在的技能和能力。小规模可以办大事。

归根结底，无论是一个国家还是一个企业，整体的健康取决于构成整体的各个部分的活力。要想让各部分健康发展，就需要在何为职责和责任这个问题上取得共识。人们必须清楚组织希望他们做什么。人们需要一种共同的语言，去谈论人与人之间、人与团体之间、团体与团体之间的关系。如果人们没有共同的母语，那就需要一种技术语言，明白无误地表达自己的意思。

无论在商界还是在私营部门，职场人士只有因地制宜地运用全球视野，才能获得一个不断发展的世界所需的成熟度。这种结合需要具体的环境与条件。如果能创造这种环境与条件，人们就能更好地纠正自己认为在职场上表现不足的行为。这样一来，所有人努力的总和将成为推动团体进步的主要力量。

在认真分析的基础上去平衡团队合作和合理地分配职责，在每个层面都非常重要。从这层意义上说，团队角色和工作角色具有普遍的应用价值。前进的道路只会步履维艰，因为每个层面都会有各种各样的复杂性和风险。但出现的所有问题本质上都是一样的，那就是：这些问题主要集中在信息沟通和对共同目标的认识上。希望本书中介绍的语言系统，连同这个系统赖以产生的哲学理念，可以得到广泛应用。

在过去的一百年里，就工作组织和公共事务的管理方法而言，人类已经从进步阶梯的底部爬到了阶梯的中间位置。此情此景，我们正满怀希望地往上看，同时也诚惶诚恐地往下看。我们能不能再往上爬，而不再后退？我们会被一直潜伏在那里的超级蛇吞掉吗？我们无从得知。我们很可能会继续玩蛇梯游戏。这种状况会持续到人类进化朝着超有机体的方向发展为止。只有到那时候，个人才能的总和才会为公共利益发挥积极的作用。

附录

附录 A
工作角色语言

口头上如何准确传情达意的范例

管理者如何解决岗位问题的示例

"蓝色"工作
记住别人教给你的
工作千万别出差错
有什么疑问，再来找我
千万要按照规范做事

"黄色"工作
工作怎么样，看的是你的成果
做决定是你的事
不管怎样，你要有自己的态度
如果你能找到别的解决方法，那就更好了

"绿色"工作
千万要让顾客（客户、患者）开心
记住：重要的不是你做什么，而是怎么做
别让顾客（客户、患者）久等
看看你能帮什么忙

"橙色" 工作

重要的是大家都没有意见

如果你觉得还有疑惑，就不要仓促做决定

记住：责任也有你的一份

别忘了你在团队里担当的是配角

任职者在汇报核心角色之外的工作内容时使用的例子

"灰色" 工作

我手里缺材料，所以去收集了一些

在等候的时间，我把办公室收拾干净了

我一直在帮忙减少积压

因为 X 不在，我花了一些时间来处理 X 的工作

"粉色" 工作

我被通知去开会，可原因我并不清楚

我一直在收集的这些信息似乎都派不上用场

这些积压的材料我知道早晚会被扔掉，可我一直在整理

我一直在收集的大部分数据都已经过时了

"白色" 工作

我一直在重新整理这些文件

我原以为会树立自己的做事风格

我找到了一个联系潜在客户的好方法

这东西坏了，我找人把它修好了

附录 B
名词解释

个人：主要人物

善于团队合作者

为适应团队的需求，能够管理自我角色的人。如果缺乏这种品质，求职者即便很有资质，求职也往往会被拒。

管理者

管理者的核心工作是把任务、责任和合同分派给他人。虽然管理者还有许多杂务，但其核心工作还是专注管理事务。规划、财务管理、沟通等其他管理事务可以与顾问、专业人员和非执行董事共同分担。一个管理者如果能做好核心工作，即便在其他方面表现不尽如人意，仍可能是优秀的管理者。

员工

接受管理者分配任务的人员。员工承担的几乎全部是非技能性的和大部分半技能性的工作。

任职者

工作职责中既包括任务又包括责任的人。大多数新设岗位是为任职者而不是员工设立的。

角色

团队角色

一种以特定方式发挥作用、做出贡献以及与他人互动的倾向。团队角色表示一个人通常倾向于在人际工作关系中做出的贡献。

职能角色

职能角色是指根据职位与预设的职责，希望一个人如何去履职。不过，预设往往会张冠李戴。

专业角色

专业角色是指一个人用于岗位的资历和正规教育。专业人员经常发现很难分清自己的角色和岗位性质。

工作角色

工作角色是指个人承担的或在团队中承担的任务和责任。管理者分派工作时使用四种核心的工作类别——蓝色、黄色、绿色和橙色；员工报告自己承担的额外工作时使用另外三个工作类别——灰色、白色和粉色（见下文）。

角色成就感

该术语是指在团队中找到合适的角色所产生的自我满足感。提供适当的角色机会是激励个人最简单而又行之有效的一种方法。

管理者分派的工作

任务

任务是按照岗位说明与规范必须去完成的工作项目。任务包括以下内容：

"蓝色"工作

"蓝色"工作是指必须由专人按照特定标准去执行的规定性任务。在优先考虑健康、安全和效率时，一般需要"蓝色"工作。

"绿色"工作

"绿色"工作是指根据工作环境用非规范方式执行的任务。"绿色"工作常见于首先需要对患者、客户或顾客的要求优先做出回应的工作场景。

责任

责任关注的是一个人（单独）或几个人（共同）负有责任的目标。责任分为两类：

"黄色"工作

"黄色"工作是指分派给个人并允许个人行使完全自由裁量权的责任。

"橙色"工作

"橙色"工作是指像在团队中那样，责任和决策须由几个人共同承担的工作。

在大中型企业中，大多数管理者都会承担一部分"黄色"工作和一部分"橙色"工作。但管理者们往往很难搞清楚哪种工作应用于哪种情况。

任职者发现的其他工作

"灰色"工作

如果任职者认为自己的行为对工作有贡献，便对各项工作内容进行整合，从而扩展了其岗位的核心工作，这时，就会出现"灰色"工作。"灰色"工作可能不是规定性的工作，但任职者一旦做了"灰色"工作，通常会得到管理者的赏识。

"白色"工作

"白色"工作是指核心工作之外、任职者的顶头上司没有预判到的新工作内容。但为了确保管理者认可任职者的这种积极性，任职者应该向顶头上司汇报"白色"工作的内容。

"粉色"工作

"粉色"工作是指员工虽然参与但认为没有价值而又无法逃避的工作内容。

组织

团体

团体是指为一个共同目标聚在一起的许多人，但由于人数太多，团体成员之间无法形成团队角色关系。随着人数的增加，团体中每个成员的身份和具体角色贡献会逐步削弱，而领导者的角色则会随之放大。

团队

团队由精选出来的、数量有限的人组成，其成员为了共同的目标团结协作，使每个人都能做出独特的贡献。一个健全的团队会包括有效执行过程中需要的所有团队角色，但团队的规模不应过大，规模过大会导致团队角色重叠，容易引发功能障碍性的角色竞争。虽然团队的规模取决于工作环境，但首选的规模是四人。通过适当的选择，这个数字应该能够充分涵盖最理想的团队角色，也可以推动团队内部的轮值领导。

成熟团队

一个团队如果能够将团队中的个人优缺点与外部需求结合起来，这说明团队已经成熟了。这样，即使没有管理者的干预，团队成员之间也能很好地自行分配工作。

庞大团体

庞大团体是指一个规模大到只有少数人了解其负责人的团体。庞大团体会发现，如果不发展成为一个由官僚机构掌控的多层级等级体制，就很难在一个人的监管下作为一个有凝聚力、志同道合的团体运作。

超级团体

庞大团体通过机构转型发展壮大成超级团体，届时，具体职责转移给了机构或法人组织，而不是转移给个人。于是，分配工作的主体演变成机构或法人组织。但是，一旦这些机构或法人组织开始各行其是，超级团体就很容易土崩瓦解。

超有机体

超有机体是比超级团体更高阶段的组织。超有机体的特点是通过一个复杂的分权系统保持其基本的稳定性，这个分权系统的各组织部门既自主运作，又相互合作。超有机体可以任意使用专家队伍。

人类超有机体内部的领导职能可以由一个具备战略眼光、协调能力强的团队来承担。

团体思维

区分团队和团体的分水岭概念。团体思维概念最早是欧文·贾尼斯（Irving Janis，*Groupthink：Psychological Studies of Policy Decisions and Fiascos*，1982）提出的。贾尼斯认为，团体思维是"当人们深度参与到一个凝聚力强的小圈子时，当为了追求一致性而排斥寻找替代方案的积极性时，人们采纳的一种思维模式"。一般认为，团体思维会导致一帮聪明人拿出一个非常愚蠢的解决方案。团体的规模越大，团体思维的倾向性也会越强。

经过对团体思维的深入研究，我对团体思维概念的定义做了改动。在本书中，团体思维概念仅指一种现象，即"一个太大而无法组成团队的团体很容易想法趋同，而且抱有同样的错觉"。因此，大型团体如果不能通过重组把团体变成相互合作、结构合理、适度授权和充满活力的团队，很快就会变得效率低下。